■ 本书由贵州省民族事务委员会出版基金资助出版

■ 本书是2009年贵州省优秀科技教育人才省长资金项目
“天柱宗祠文化研究”的最终成果

民间记忆与历史传承

——贵州天柱宗祠文化述论

李 斌　曾 羽　吴才茂　龙泽江◎著

四川大学出版社

特约编辑:石峰波
责任编辑:楼　晓
责任校对:欧风偃
封面设计:原谋设计工作室
责任印制:王　炜

图书在版编目(CIP)数据

民间记忆与历史传承:贵州天柱宗祠文化述论/李斌等著. —成都:四川大学出版社,2012.9
ISBN 978-7-5614-6170-9

Ⅰ.①民…　Ⅱ.①李…　Ⅲ.①祠堂-研究-天柱县　Ⅳ.①K928.75

中国版本图书馆 CIP 数据核字(2012)第 217729 号

书名　**民间记忆与历史传承**
——贵州天柱宗祠文化述论

著　　者　李　斌　曾　羽　吴才茂　龙泽江
出　　版　四川大学出版社
地　　址　成都市一环路南一段 24 号(610065)
发　　行　四川大学出版社
书　　号　ISBN 978-7-5614-6170-9
印　　刷　成都东江印务有限公司
成品尺寸　170 mm×240 mm
印　　张　15.5
字　　数　313 千字
版　　次　2014 年 1 月第 1 版
印　　次　2014 年 1 月第 1 次印刷
定　　价　48.00 元

◆读者邮购本书,请与本社发行科联系。
电话:(028)85408408/(028)85401670/
(028)85408023　邮政编码:610065
◆本社图书如有印装质量问题,请寄回出版社调换。
◆网址:http://www.scup.cn

尊崇祖德

传承文明

从书斋走向田野

《民间记忆与历史传承：贵州天柱宗祠文化述论》序

党的十七大报告明确提出："加强对各民族文化的挖掘和保护，重视文物和非物质文化遗产保护，做好文化典籍整理工作。"党的十七届六中全会审议通过了《中共中央关于深化文化体制改革、推动社会主义文化大发展大繁荣若干重大问题的决定》，明确提出："加强对优秀传统文化思想价值的挖掘和阐发，维护民族文化基本元素，使优秀传统文化成为新时代鼓舞人民前进的精神力量。""繁荣发展少数民族文化事业，开展少数民族特色文化保护工作"。《国务院关于进一步促进贵州经济社会又好又快发展的若干意见》[2012]国发2号文件明确提出，要"传承优秀传统文化"，"深入挖掘民族文化"，"充分挖掘民族地区丰富的民族文化和旅游资源"，"加强民族文化遗产保护和综合利用"。《中共贵州省委关于贯彻落实党的十七届六中全会精神推动多民族文化大发展大繁荣的意见》也明确提出："文化是民族的血脉。是人民的精神家园。贵州是多民族聚居省份，千百年来，贵州各族人民共同创造的多姿多彩的民族文化，是中华民族的重要组成部分，是我省文化繁荣的不竭动力。"

我在黔东南担任州长期间，曾多次到天柱县调研，在清水江流域看到许多建筑风格各异的祠堂。据不完全统计，天柱县先后建有祠堂百余座，至今仍保存下来的宗祠还有七十余座。祠堂作为汉文化的一个标志性建筑，为什么在少数民族人口众多的清水江流域出现呢？值得研究。

在我担任贵州省分管教育的副省长期间，为提升新建本科院校的科研能力，支持他们的科研活动，决定给有关院校每个学校资助三个“贵州省优秀科技教育人才省长专项资金项目”，重点是对地方民族文化的挖掘、整理、传承和研究，“天柱宗祠文化研究”就是2009年度的一个课题。

课题组多次深入村寨进行田野调查，课题组负责人李斌同志还担任天柱县挂职副县长，这大大方便了课题的调查和研究。经过一年多的研究，2011年5月，省科教办组织相关专家组对该课题进行验收，专家给出了很高的评价。此后，他们又用了一年多的时间，深入村寨，继续挖掘资料，在原结题报告的基础上做了进一步的补充和完善。

今天，《民间记忆与历史传承：贵州天柱宗祠文化述论》一书即将出版面世，填补了贵州在宗祠研究方面的欠缺。正如专家组验收时所认为的那样，该书“具有较强的时效性和研究价值，对天柱宗祠兴起的历史背景、发展历程及其地位和作用做了较为系统的梳理和研究，客观地阐述了天柱宗祠社会功能和文化功能，探讨了当代清水江流域能源开发与宗祠文化传承与保护之间路径与办法。”该书对天柱县的七十余座祠堂进行实地考察，并对四十四座祠堂做了介绍，对宗族研究具有一定的参考价值。

我们热切期待有更多优秀成果问世，让我们的民族文化绵延不绝，以展示“多彩贵州”的文化实力，扩大贵州文化的影响力。这部著作，使我对天柱宗祠文化有了更多的认识，所以热忱欢迎它的问世。

是为序。

2012年10月18日于贵阳

刘晓凯

（作者系中共贵州省委常委、统战部部长）

自序

宗祠被视为宗族的象征，是祭祖的场所，也是族中各种大型活动的公共空间，常称为祠堂。《说文解字》："宗"字，"尊祖庙也，从宀从示"，室内祭祀，即为祖庙。而"祠"，则是对祖先的一种祭祀的名称。《诗经·小雅·天保》："禴祠烝尝，于公先王。"汉人毛亨传曰："春曰祠，夏曰抽，秋曰尝，冬曰烝。"郑玄在为《礼记·王制》作注时，也有相同的说法。这些说法，也正好跟《周礼》的记载相符。因此不难知道，宗祠即是祭祀祖先的场所。至于宗祠在古代的起源与发展，已经有很多学者进行了梳理和研究。大体而言，周代即有非常严格的宗庙祭祀制度，然而早期的"祠"祭制度演变为一套堪称完善的汉人宗族祠堂系统，是明中后期才开始的，到清初得以稳固下来。而且，根据吕思勉先生的观察，"聚居之风，古代北盛于南，近世南盛于北"[1]。然而，清末的钟琦却说四川、甘肃、云南、贵州诸省人不懂得宗法。[2]其实，这种观察并不十分正确。因为，地处边围的清水江下游天柱地区，明清时期便已经开始了宗族化运动。

最近的考古资料显示，七千多年前，清水江流域天柱境内已经有人类活动了，万历二十五年（1597）天柱建县，但一直没有宗祠建筑。自明嘉靖年间"许民间皆得联宗立庙"以来，各地望族纷纷

[1]吕思勉：《中国制度史》，上海教育出版社，1985年，第395页。

[2]《皇朝琐屑录》卷三八《风俗》。

建祠立庙，以祀祖先。天柱的宗祠建筑迟至清初才开始修建，但发展很快，前后共修建了百余座宗祠。在少数民族人口占总人口98%以上的天柱地区，儒家文化是如何与侗、苗等少数民族文化融合的？这一直是我们思考的问题。

本项目自2009年立项以来，鉴于天柱域内宗祠分布广、涉及面宽等实际情况，课题组成员对天柱祠堂的实地调查主要实施了11次，从2009年10月至2011年2月，先后深入天柱县16个乡镇50余个行政村进行田野调查。在考察过程中，主要获取的信息有祠堂的建筑面积和占地面积、坐向、规模、具体布局、所属民族、建筑年代、文物、族谱等。尽管课题组成员曾多次进入历史现场，但“来去匆匆”的调研活动，显然和人类学所倡导的田野方法有所差别。因此，

天柱县最具代表性的宗祠——刘氏宗祠全景

对回到宗祠现场的感受亦稍显肤浅。不过，有限的田野调查对历史研究仍有相当的益处，诚如年轻学者郑锐达在其《移民、户籍与宗族：清代至民国期间江西袁州府地区研究》的“自序”中认为的那样，田野调查“可以让学者对准备研究的社会有更立体的认知，在坚实的史料基础上丰富其想象，进而将一些地方文献放回到当地社会脉络中去理解，及相关较高层次的官方文献更有机地联系起来，对历史上一些地区性问题以至于全国性问题做更深层次的审视和有力的透析。”[1]我们对天柱域内宗祠的走访和调查，使得我们对处于乡村社会中的宗祠及其背后的文化有了比较直观的了解，深为这种祖荫张力下而衍生的祠堂及宗族组织长期存在于边疆社会所震撼。如果没有走乡串寨的田野调查，是决然不会有这种感受的。

本项目的研究对象是贵州省天柱县的宗祠文化，其内容主要是围绕天柱域内的祠堂及其相关因素，通过田野调研所获得的丰富的地方文献资料，从五个方面展开。第一，简述天柱的生态环境与人文历史。第二，对天柱宗祠的形成与发展进行了梳理，认为天柱域内宗祠文化的兴盛与所处时代国家制度有莫大

[1] 郑锐达：《移民、户籍与宗族：清代至民国期间江西袁州府地区研究》，三联书店2009年版。

三门塘古建筑群

关系。同时，天柱作为明清以降的主要垦殖区而带来的“内地化”倾向、天柱域内这个“在地化”的空间所具备的特殊资源也是宗祠文化在此兴盛的原因。第三，根据田野资料所获得的民间文献资料对天柱宗祠社会和文化功能进行了讨论，认为：天柱宗祠具有经久不衰的社会功能（如敬宗收族功能、社会控制功能）和文化功能，使得宗祠文化在天柱域内伴随着国家制度抑或政策而兴衰交替。而宗祠建筑艺术中的中西合璧，别具特色。第四，通过现存宗祠的考察和与相关人物的访谈，对天柱域内宗祠的现状、开发、保护及其走向做了实事求是的分析和讨论。第五，对天柱域内现存的主要祠堂做了个案考察，以期为“他者”了解天柱宗祠文化提供基本素材。

目录

上编　天柱宗祠文化通论

下编　天柱域内主要宗祠个案考察

附录

MINJIAN JIYI YU
LISHI CHUANCHENG
GUIZHOU TIANZHU ZONGCI
WENHUA SHULUN

【尊崇祖德　传承文明】

上编

天柱宗祠文化通论

第一章 天柱的生态环境与人文历史

MINJIAN JIYI YU
LISHI CHUANCHENG

第一节　天柱的生态环境

一、天柱县的地形地貌

天柱县位于贵州省东部，地处东经108° 55′～109° 33′、北纬26° 41′～27° 09′之间。东邻湖南省会同县、芷江侗族自治县；南连本省黔东南苗族侗族自治州锦屏县和湖南省靖州苗族侗族自治县；西接本州三穗县、剑河县；北抵湖南省新晃侗族自治县。境内东西最长67.1千米，南北最宽51.4千米，总面积2201平方千米。[1]

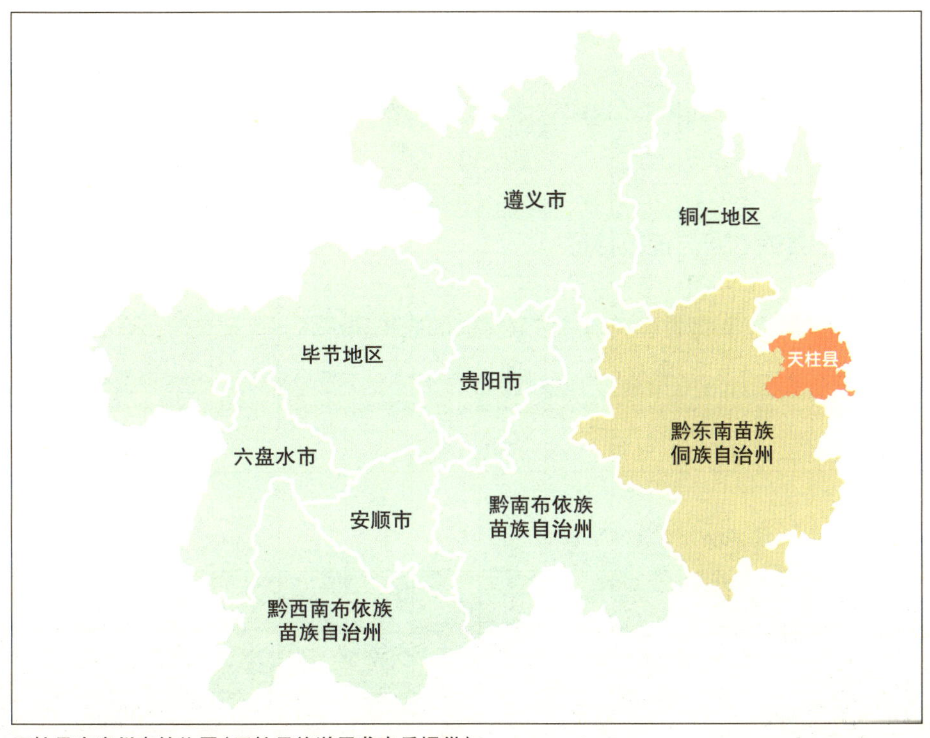

天柱县在贵州省的位置（天柱县旅游局龚农兵提供）

[1] 天柱县具体的总面积是多少有两种说法，一种看法是2201平方千米，包括各种地图、天柱县的各种宣传材料等绝大多数材料认同此说。另一种看法是2213平方千米，参见1990年贵州人民出版社出版的《黔东南苗族侗族自治州州志·地理志》第30页以及1993年贵州人民出版社出版的《天柱县志》第44页。

天柱县处云贵高原东部边缘，为云贵高原向湘西丘陵过渡地段，是苗岭山脉延伸部分之余脉，属第三级下降剥蚀地带。整个区域地貌为中低山丘陵河谷盆地，地势西北、西南高，东北、东南低。境内地形起伏、山峦重叠。西北、西南方位海拔900～1115米。最高点在西北面坪地镇阳寨的犀牛塘尖坡，海拔1119.3米。西南面有九十九岭坡，海拔1010米；南面有黄哨山，海拔1029米。诸山雄伟陡峻，有如屏障。中部至东北部海拔400～700米，地势平缓，海拔逐级下降。县城海拔375米。东北部瓮洞镇金子村为清水江的出境处，海拔仅216米，为全县最低处。中、东部及东南、东北部海拔216～500米，多为低矮山、缓坡、圆顶山，伴生石林、石柱、溶洞等喀斯特岩溶地貌。中部为丘陵河谷坝子，河流纵剖面平缓，地表以侵蚀堆积为主。东部河谷深切，水流迅速，地表以侵蚀搬运为主，使全县形成中低山丘陵盆地河谷坝子交错的地形地貌。山脉走向分东北向和西北向两组，河流和剥蚀地层顺此走向，使山脉与条形盆地、谷地相间出现。在山与山之间的河谷缓坡地带，由于长年沉积物发育，形成大小不等的平坝，俗称“坝子”，较大的坝子有凤城、蓝田、邦洞、高酿等处。

在全县地貌类型中，山地约占73.4%，丘陵约占23.4%，平地约占2%，水面约占0.7%。

二、天柱县的气候与植被特征

天柱县位于亚热带湿润季风气候区，气候温和湿润，雨量充沛，全县年降水量为1200毫米～1380毫米，日照时间1198小时，年均气温16.1℃，相对湿度年平

均83%，全年无霜期281天，冬无严寒，夏无酷暑，气候条件较为优越。但因山地复杂，高低悬殊，植被条件好等因素影响，有立体气候、林区气候的特点。森林覆盖率为61.7%（2009年），以松、杉林为主，生长着天麻、杜仲、茯苓等名贵中药材以及桐油、茶油等油料作物和生漆等经济作物，还有穿山甲、五步蛇、野鸡、野猪、野羊等多种野生动物。

地表水资源和地下水资源丰富，主干河是清水江，属长江流域沅江水系，其余为清水江支流。境内溪河分布均匀，其中河流长度超过10千米，流域面积大于20平方千米的有清水江、八卦河、摆洞河、硝洞溪、汉寨溪、圭大溪、三门溪、鉴江、三团河、朗江、金井溪、姚家溪、半溪、大溪、汶溪河、渡马河、瓦窑江、塘涧溪、瓮瓦江、岩鼓河、柳溪河，共21条，总流域面积为1728平方千米。

第二节　天柱的历史与沿革

一、天柱县的历史沿革

据考古资料证实，7000多年前，清水江流域的天柱境内已经有人类活动了。2003年，天柱县人民政府公布第四批县级文物保护单位，瓮洞镇金紫村至坌处镇清浪村清水江段的新石器时代遗址榜上有名。天柱清水江流域古遗址群集中分布在远口、白市及江东等地，主要有：远口镇坡脚遗址、学堂背遗址、月山背遗址、瓦罐

坌处镇三门塘前的清水江

辞兵州遗址出土磨制石器（天柱县文体广电局提供）

滩遗址，白市镇盘塘遗址、辞兵洲遗址，江东溪口遗址。[1]经国家文物局批准，2009年至2010年间，贵州省文物考古研究所联合四川大学考古系、中国社会科学院考古研究所和天柱县文体广电旅游局，对上述地点的古代遗址展开了两次较大规模的考古发掘，取得了丰硕成果。新石器时代遗存是坡脚遗址的主体堆积，包含物多为石制品，少数为陶片。从出土的石制品和陶器形制及纹饰看，坡脚遗址的新石器时代遗存与湖南高庙文化的中晚期有密切的关系，或可归入高庙文化。[2]

因“石柱擎天”而得名之天柱[3]，在夏商时期为禹贡荆州之界僻。周成王封熊绎于楚，天柱为楚巫黔中地，属夜郎。秦代属黔中郡，亦为夜郎属地。汉初，属荆州武陵郡；汉武帝时，改属牂牁郡，归益州统辖。三国时属吴国。晋代属荆州武

[1] 这些遗址被公布为第四批文保单位时只有部分材料，大规模的材料是2004年夏以后配合清水江流域梯级电站建设而进行的考古调查时所发现的。

[2] 天柱县境清水江流域遗址群从全国56个候选发掘项目中脱颖而出，入围2010年度全国十大考古新发现终评项目。

[3] 康熙《天柱县志》上卷。

陵郡。南北朝属郢州武陵郡。隋代改属扬州沅陵郡。唐代属黔中道彝、播、叙三州之境，不久，今县境东部归在朗溪县（县址在今湖南省会同县朗江乡），西部属思州。五代时，马殷封为楚王，继而建楚国，天柱在其辖地之内；后周广顺二年（952），侗族首领杨正岩以“十洞”首领领徽、诚二州，天柱所辖地方归徽诚二州所辖。宋太平兴国五年（980），侗族首领杨通宝为诚州刺史，天柱东部为诚州所辖；元丰五年（1082），天柱东部地区属诚州渠阳县（旧址在沅州贯堡寨）；建中靖国元年（1101），分渠阳县北部建三江县，崇宁元年（1102）建会同县，天柱东部分属三江县、会同县，西部仍承前属思州；崇宁二年（1103），侗族首领杨晟臻纳土进贡，宋徽宗赐其领地名靖州，隶于荆湖北路，天柱属靖州所辖。元代至元年间（1264-1294），立安抚司，改为靖州路总管府，隶于湖广行中书省，天柱地区在靖州路总管府辖下；元至正二十五年（1365），设靖州军民安抚使司，亦辖今天柱地区。

明洪武二十五年（1392）五月，“苗丑跳梁”，朝廷派“大将军率众讨平，置所弹压”，于是撤靖州卫左所建天柱守御千户所，三十年（1397）撤靖州卫后所建汶溪千户所。万历十一年（1583），守备周弘谟“剿除坌处”后，“诸苗乐于向

天柱县以此景得名（康熙《天柱县志》）

化，报纳鸡粮千有余石”。[1]万历二十五年（1597），天柱守御千户所吏目朱梓呈文申详兵备道徐榜、分守道郑锐、分巡道陈惇临、贵州巡抚江东之、湖广巡抚李得阳、巡按赵文炳，会疏朝廷批复，准于该年四月初四日改所建县，取名天柱县，属湖广靖州。划出会同县峒乡（今天柱县地湖、远口镇大样村等地）、口乡（今天柱县远口、竹林等地）、汶溪所（今天柱县汶溪村）乡寨、绥宁（今湖南省绥宁县）一部（今天柱县坌处等地）、镇远巡检司（今远口鸬鹚）、江东巡检司（今天柱县江东乡）并天柱所乡寨以成县治。吏员朱梓升任知县。因县址山形如凤，别号凤城。县下设图、里、坊、厢以统牌甲，将全县338寨2所编为3乡9图1厢3里。安乐乡一图、二图、三图、四图，此四图时称“四峒”。远口乡兴文里、新增里、坊厢里及天柱所、汶溪所。归化乡一图、二图、三图，此三图当时被称为“三苗”。在四峒中设峒长，在三苗中设通总3人、通事36人，共匡县政。崇祯九年（1636），知县王良鉴申请改治所，十年（1637），知县石之鼎迁县治于龙塘（今社学乡田心寨），更名龙塘县。清顺治四年（1647），境内赖洞民众反抗官府，攻破龙塘县城，杀死知县何化龙。吏员俞廷荐迁县治于雷寨（今凤城镇雷寨村）。顺治九年（1652），知县黄绳宪将县治迁回原址凤城，复名天柱县。雍正四年（1726）四月十六日，以天柱县与黎平府接壤而分属两省，不便治理，将天柱县由湖广靖州改隶贵州省黎平府，十二年（1734）三月二十八日改隶镇远府，属贵东道辖。乾隆元年（1736），置远口巡检司（今远口镇），隶天柱县。同治元年（1862）五月，侗

迎亲路上（天柱县文体广电局提供）

[1]《天柱县初建县治碑记》，碑已佚，转引自康熙《天柱县志》下卷。

族农民起义军攻下县城，同治二年（1863）代理知县毛謇迁县治于远口；是年十一月，农民起义失败，县治复迁故址。光绪二十五年（1899），县内调整行政区划，新编户口，全县划为9里1排1所，共574寨。

民国元年（1912）1月，天柱县直隶于贵州省。次年9月，天柱属黔东道（又称镇远道）。1914年，改远口巡检司为远口分县，隶天柱县。1915年，拨茅坪、亮江、平金、银洞、乌坡、合冲、令冲等村寨归锦屏县。1941年，贵州省政府调整各县疆域，将原青溪县属坪地、汪阳联保（今八阳、八界、阳寨）划归天柱县。

1949年11月4日，中国人民解放军第16军46师138团从湖南托口镇经黔东第一关瓮洞镇直达天柱县城，天柱县宣告解放。

1950年1月21日，成立天柱县人民政府。1952年底，划偏坡村的乌域、大坪两个自然寨归湖南省靖州县。1950年至1956年7月，天柱县隶属镇远专区。1956年7月，经国务院批准，撤销镇远专区，建立黔东南苗族侗族自治州，天柱县为其辖区。1958年12月29日，国务院决定撤销天柱县，并入锦屏县，县治在三江（今锦屏县三江镇）。1961年8月18日，国务院批准恢复天柱县建制，辖6区1镇28个人民公社。1961年底，将杨渡、水大两生产大队划归锦屏县。1984年1月，实行机构改革，全县共有6个区、1个区级镇、10个乡级镇、29个乡。1992年1月25日，贵州省人民政府批复，同意黔东南苗族侗族自治州人民政府关于天柱县的建镇并乡撤区方案。至2009年底，全县共有10个镇、6个乡、11个居民委员会和315个村民委员会。

二、人口增长与民族构成

元代之前的人口无史可考。明清两朝，通过屯军、划拨、外地商人进入以及其他迁徙而来，人口不断增加。据康熙《天柱县志》记载："原额汉彝人丁五千四百九十丁"，"原额苗丁四千五百四十六丁"。[1]到乾隆初年，"天柱县原额户口无，新编户口二千五百六十四户"。[2]至道光二十七年，天柱"汉苗村寨计三百三十八，共二万五千二百九十五户，男妇大小名口十四万六千二百有奇"[3]。经咸同之际贵州苗乱后，人口锐减。光绪二十五年（1899），"知县杨佩芳任内奉文编联保甲，通报案内载合邑通计五千六百七十四户，男大小一万九千六百五十三

[1] 康熙《天柱县志》上卷。

[2] 乾隆《贵州通志》卷之十一《户口》。

[3] 爱必达：乾隆《黔南识略》卷十五《天柱县》。

名，女大小一万八千五百九十八口，牌长共计五百六十八名，甲长五十七名”[1]。

中华民国时期，天柱县人口逐年增长，1932年有17070户73594人，1940年有20470户120854人，1948年有25007户129543人。[2]

新中国成立后，天柱县境内人口逐年增长，天柱县人口历来以侗族、苗族为主。1949年，天柱县有166820人。1953年第一次人口普查时，天柱县总人口178048人。其中侗族117317人，占总人口的65.89%；苗族54485人，占总人口30.6%。1964年第二次人口普查时，天柱县总人口194592人。其中侗族128761人，占总人口的66.19%；苗族55935人，占总人口28.75%。1982年第三次人口普查时，天柱县总人口308261人。其中侗族204320人，占总人口的66.28%；苗族94057人，占总人口30.51%。1990年第四次人口普查时，天柱县总人口352523人。其中侗族236568人，占总人口的67.11%；苗族108969人，占总人口30.91%。[3]2000年第五次人口普查时，天柱县总人口389129人。其中侗族235241人，占总人口的67.54%；苗族106387人，占总人口30.54%。[4]据天柱县公安局统计年报数据，2009年天柱县总人口为398327人，其中侗族265393人、苗族126575人，分别占总人口的66.63%、31.78%。

---

[1] 光绪《续修天柱县志》卷三《食货志》。

[2]《天柱县志》，贵州人民出版社1993年，第96页。

[3]《天柱县志》，贵州人民出版社1993年，第97页。

[4]《天柱县志》(1991-2009)（评审稿），第69页。

第三节　天柱的文化与教育

一、丰富多彩的民族民间文化

上刀山

天柱县是贵州省少数民族聚居比例最高的县之一，其中，侗族、苗族占绝大多数。一直以来，侗苗人民都与汉族和其他少数民族和睦相处，创造和保留了许多独特的风俗习惯和丰富的民族民间文化。

无论逢年过节、喜庆丰收、婚丧嫁娶、宗教礼仪，都要以唱歌来庆祝。侗苗民歌形式多样，内容丰富，题材广泛。民歌有山歌、玩山歌、河边歌、好事歌、伴嫁歌等。玩山、赶歌场是侗苗青年男女主要娱乐和建立婚姻家庭的主要途径。竹林的阿婆坳、坌处的平芒、三门

四十八寨歌节之“两头坳”歌场

欢乐的侗家斗雀舞（天柱县文体广电局提供）

塘、渡马莲花坪歌场等至今仍保留着赶歌场的传统。其景况热闹非凡，真是“歌的海洋”。

此外，还有传统民居——吊脚楼，有竹编、剪纸、纸扎、侗家织锦等民间工艺，有民间艺术、民间故事，有建筑规模宏伟、墙上雕画艺术精湛的民族古建筑——宗祠（县级文物保护单位有 22座）。

二、明清以来的天柱教育概述

（一）传统儒学教育

1. 官学教育

官学教育，主要包括县学、官办书院和社学。

县学，作为天柱地区的最高学府，备受历届地方官吏重视。明万历二十五年（1597）天柱建县伊始，县令朱梓便着手在城南建立天柱县学，第一任教谕由岁贡陈朝疏充任，择童子优秀者29人入学。后又拨靖州、会同诸生30人附读，以为表率。崇祯十年（1637）县学毁。清顺治九年（1652），重建县学于城南。康熙三十三年（1694），知县王复宗迁建于城北。道光年间迁建于县署左。同治初期毁于兵燹，光绪三年（1877）重建于北门外故地。实际上，作为治理边圉之地的重要措施，县学在教化“蛮夷”中的重要作用在康熙年间修的县志中已被多次提及。[1]

书院虽然不列入国家学制的教育机构，但常常作为官方支持的另一类教化场所，亦为官方所重视，进而出现官办书院。清水江下游地区，随着王朝势力的次第进入，书院随之而来，明万历二十五年（1597），天柱县令朱梓创办开化书院，在城东学宫之前，“置田租为子弟延师肄业之资”，这是天柱县所见创办最早的书院。遗憾的是，“朱公以后，鲜克修举，遂至倾圮无存”。幸而至清乾隆二十五年（1760），知县马士升“卜地于城之南，芟草莱，命匠役面东而向，构讲堂三间。讲堂后为正室三间，生徒斋舍一十八间，左右各九，正定两隅，葺偏厦四间为庖厨，为茶房薪炭所。讲堂前为大门三间，左右各一间，舆台司事可以栖息，外建牌房一座，援柱邑旧名，额以‘凤城书院’四字，前后左右绕以垣墙，树之杉柏，一切经营，皆相其方位而次第布焉”[2]。道光二十四年（1844），知县俞汝本倡捐重修，“增置田亩以资修补膏火卷资各费”，同治年间毁于兵燹。光绪三年（1877），署县张继辉筹款重建，更名为凤山书院。

---

[1] 详见康熙《天柱县志》上卷。

[2] 参阅《创修凤城书院碑记》，碑石现已佚，转引自光绪《续修天柱县志》卷八《艺文志》。

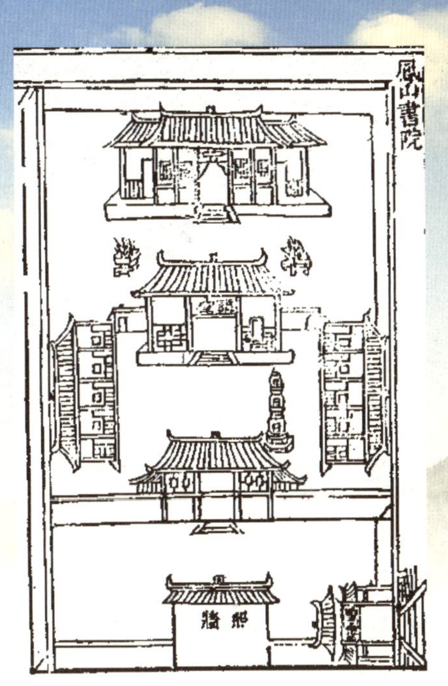

凤山书院（康熙《天柱县志》）

社学由地方官府倡导建立，是乡村社会中重要的教育机构。明清以来，社学已纳入科举制的轨道，为科举考试培养了大量应试的童生。清政府对社学比较重视，曾多次下诏设立社学。天柱社学盛于明末清初，在《建天柱县咨文》中，强调“建立社学以移易风俗”。天柱主要有：兴文社学、宝带桥社学、钟鼓洞社学、聚溪社学、柳霁社学等。社学在清水江下游天柱地区普遍设立，极大地促进了天柱基础教育的普及，对乡村社会的文化传播，倡导民众“明伦敬身”[1]等方面具有重要意义。

2．私学教育

私学教育，主要包括书院、义学和私塾。

与官学相应，私学[2]在清水江下游地区亦非常活跃。清康熙年间，吴万年捐资创建延龄书院，校舍初建于远洞之南，后迁远口老寨唐家园，“为合族子弟读书肄

[1] 社学与府、州、县儒学之别，在于：“社学之教，主于明伦敬身；儒学之教，主于明经修行。”（见林希元：《同安林此崖先生文集》卷10《钦州十八社会记》，《四库全书存目丛书·集部》第75册，第629页）

[2] 关于私学的定义，吴霓曾予以一般意义上的界定：“不由政府主持，不纳入国家正规学校制度之内，由私人或私人集团（包括社会集团）来主持、经营、管理的教育活动，属于私学的范畴。”（参见吴霓：《中国古代私学发展诸问题研究》，中国社会科学出版社1996年版，第2页）

贵州巡抚贺长龄为表彰延龄书院题词

业之所”。道光年间，县令俞汝本“札族人吴正海等重新改建”，因其对边疆教育事业之贡献颇大，以致贵州巡抚贺长龄亦题“咏烈颂芬”匾额悬挂于讲堂之上。[1]咸丰末年毁于兵燹，至光绪二十二年（1896），地湖族裔恩贡吴宝臣等捐资重建，继续发挥其以宗族为中心的教育功能。嘉庆十三年（1808），天柱柳霁分县县丞金春谷召集贡生吴化鹏、廪生罗云英等地方士绅在柳霁创办蔚文书院。光绪二十八年（1902），由居仁里邦寨、地坝等村民按户乐捐创办白云书院，校址在黄哨山白云庵左侧，聘请被贬谪的国子监教习曾廉为山长。

义学之教育对象，不仅专教本族子弟，而且兼及别姓子弟，甚至邻里乡党。统治者对义学颇为重视，清康熙五十四年（1715），曾下谕“穷乡僻壤皆立义学”。地方政府亦积极响应并大力倡导，各地由此兴起开办义学之风潮。地处边围的清水江下游天柱之地，义学亦非常兴盛。乾隆年间，县令谢圣纶“于学宫左畔设义学，建瓦屋子九楹”[2]。雍正八年（1730）创办柳霁义学，清初设立三门塘义学以及地坌义学等。

私塾教育是中国古代最基础的教育，在民间广泛设立并由私人经办，名称各有

[1]这里并未如Thomas H. C. Lee所言“中国私学经常受到来自官方的严厉压制”（见Thomas H. C. Lee, Government Education and Examinations in Sung China, pp.13-17.），而是封疆大吏和地方宗族之间相互扶持而促进了私学的发展，这或可是作为教化边疆社会的一种策略，而使得边疆大吏不得不参与到私学的宣扬中来。

[2]详见《创修凤城书院碑记》，碑石现已佚，转引自[清]林佩伦等修：《续修天柱县志》卷八《艺文志》。

不同。明清时期私塾遍及清水江下游地区的城乡各地。据《续修天柱县志》记载："明万历二十五年（1597）建县前，靖州诸生杨上卿设教馆于天柱，从学多人。"到1915年，全县有私塾225所，学生3717人。天柱域内较为著名者有凤鸣馆，坐落于坌处镇抱塘村，据乾隆二十一年（1756）《凤鸣馆碑记》载："我团原有旧馆，世讲学其中，奈基非久臧，数徙靡定，竟未有名焉。至乾隆丙辰，于村左选地，卜其山明水秀，峰峦排列，复迁于斯"；到乾隆二十一年，因"视其旧馆窄狭"，故"鼎新重建"。[1]另有高酿三圣宫义塾、地锁私塾、远口义塾、邦洞学馆。这些林立于清水江下游地区的私塾，为乡村社会的基础教育作出了重要贡献，使得乡村民众在日常生活中，渐渐懂得文化的重要性，也由此而明礼节、知荣辱。

（二）科举人才的逐渐增多

科举考试是选拔人才最主要的途径。天柱地区的科举自明朝万历年间开始，中试者逐渐增多。随着教育的发展，天柱读书应试之人日益增多。建县前，"天柱在所之年已渐知文教"，建县后，"文明日起，户诵家弦，则名存而实亦"。清政府对贵州少数民族采取"加额取进"的特殊政策，促进贵州少数民族地区科举的推行。雍正十年（1732），"议准"天柱"苗童定额取进三名"。雍正年间，天柱"就现在额数论之，在黔省尚居中学之列"。具体为：岁科取进文童生12名，岁试取进武童12名，廪膳生员20名（额原2年1贡），增广生员20名，拔贡生1名（12年考选1次）。

明万历二十八年（1600），蒋彦方第一个考中岁贡，从而成为天柱有贡生之始。天柱在明清两代共考中贡生146人，其中明代拔贡4人、岁贡24人、选贡2人，清代拔贡14人、岁贡99人、副榜3人。[2]雍正七年（1729），徐之瑜（城坊人）中乡试榜第十八名，乃为天柱有举人之始。天柱在清代共考中举人20人，另有武举人5人。乾隆元年（1736），龚生达（城坊人）中丙辰科进士，是为天柱有进士之始。清代天柱进士共4人。

（三）新式教育

鸦片战争后，清朝政府被西方列强的"坚船利炮"所打败，有识之士开始寻求强国御辱之道。甲午中日战争后，更多的仁人志士提出了"废除八股取士、改革科举制度"的要求。光绪三十一年（1905），清政府明令"废科举，兴学堂"，由此

---

[1] 详见（乾隆）《凤鸣馆碑记》，现立于坌处镇抱塘村小井坎上。

[2]《天柱县志》，贵州人民出版社1993年版，根据第703页统计。

新式学堂遍设，数量大增。

光绪三十二年（1906），天柱知县方正在凤山书院旧址创办官立高等小学堂。次年，知县邹毅洪“极力筹款，札邑绅杨应麟、杨维新办理”，时有教员6人，职员3人，学生210名。宣统元年（1909），邑绅邓启藩、龚其昌、胡锡三、蒋益三、苏元才等于城西街创办育英初等小学堂；是年，邑绅杨维新、杨寿勋于岩寨八甲创办公立存养初等小学堂。此外，还有高酿上花龙令钦创办的上花初等小学堂，渡马杨秀炳创办的渡马初等小学堂，杨树琪捐资创办的蓝田楞寨初等小学堂等。

民国初年，按照国民政府颁布的《普通教育暂行办法》、《小学校令》，县知事胡吉卿对清末小学堂进行了整顿，创办国民学校，推行四年制义务教育。到民国四年（1915），天柱全县共有国民学校30所，在校学生1677人，教师87人。

据《人文蔚起》碑记载：到1915年，天柱官立高等小学校“现经轮招四班，卒业三班，其学生已逾二百余人。下而初等，城乡人立四十余所，其学生已逾三千余人。上而中学，柱邑又成立一所，初招学生一班，已逾六十余人”[1]。

1915年，为达到“化私塾为学校，以期普及初等教育”的目的，天柱县对225所私塾进行改造，3717名就读学生成为代用小学或者初等小学的学生。

创办中学。1915年，天柱县劝学员长龚其昌、县视学张懋修、高等小学校校长邓大宾创办天柱县立中学，龚其昌为首任校长，初次招生除本县外，邻省有黔阳、会同、芷江，邻县有锦屏、剑河、三穗、青溪、岑巩等地学生，录取新生68名。

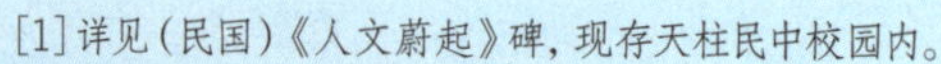

[1]详见（民国）《人文蔚起》碑，现存天柱民中校园内。

1945年10月，贵州省政府“准予增设高中部”。1948年，蒋景圭自筹资金在白市创办私立弘道初级学校，自任校长，有学生120人；同年，吴绍文创办蓝田昌文初级中学，学生50人。

总之，明清以来的天柱教育事业的发展，在很大程度上促进了宗祠文化的发展，因为天柱宗祠文化实际上也是儒学教育深入边疆最重要的成果之一，边圉之地的民众，受到汉文化教育之后，在某种程度上，就会仿效汉族社会中的各种礼仪。

（四）中华人民共和国时期的教育

1950年，天柱县人民政府接收天柱县立中学并加以整顿。由于整顿需要一定过程，加之匪患严重，到1952年3月5日才开学，时有9个班455人。1956年增建白市中学，招收初中生200人。

2009年，全县有普通高中2所，完全中学1所，普通初中15所，九年制学校4所，在校初中生1.65万人，在校高中生7500余人；有小学106所（含教学点），在校小学生7522人。天柱民族中学作为百年名校，培养了大批人才，先后获“中国中学名校”、“贵州省示范性普通高中”等殊荣。

天柱宗祠的形成与发展

MINJIAN JIYI YU
LISHI CHUANCHENG

第一节 天柱宗祠祭祖兴起的时代背景

一、引言

人类学家林耀华曾指出，研究家族应首先从祠堂入手，这是因为“家族的祠堂，原为家族的宗教机关，家族渐渐发展到宗族，祠堂也渐渐地扩张为社会的、经济的、政治的、教育的机关了”[1]。近人论及宋以后的宗族组织，也主要强调祠堂、族谱及族田这三大要素，甚至以此作为宋以后宗族组织的普遍模式。[2]

以研究中国宗教而富盛名的杨庆堃敏锐地观察到一种现象：中国家庭生活中最重要的宗教内容是祭祖，一种有助于中国社会基本单位——家庭整合和延续的仪式。继承传统思想的中国人认同祖先崇拜的价值，他们特别担心，如果年轻一代拒绝延续祖先崇拜，就很难避免有某些无法预料的灾难降临。[3]而作为祭祖的重要场所——祠堂，显然备

竹林乡高坡村潘氏宗祠中的神主排位

[1] 林耀华：《义序的宗族研究》，三联书店2000年，第266页。

[2] 徐杨杰在其《宋明以来的封建家族制度论述》一文中曾言：“用祠堂、族谱与族田这三件东西联合起来”的家族组织，“从宋明以来，直到新中国成立前夕，非常普遍”。（《中国社会科学》，1980年第4期，第101页）类似的观点，似乎已被国内外学者普遍采用（常建华似乎也有类似的观点，参阅常建华：《宗族、保甲、乡约与基层社会的新建构》，载常建华：《清史十二讲》，中国国际广播出版社2009年，第145~159页）。不过郑振满通过福建经验，提出研究家族最重要的应该是宗族组织中的祭祖活动。（参阅郑振满：《宋以后福建的祭祖习俗与宗族组织》，载郑振满：《乡族与国家：多元视野中的闽台传统社会》，三联书店2009年，第103~116页）

[3] [美] 杨庆堃著，范丽珠译：《中国社会中的宗教：宗教的现代社会功能与其历史因素之研究》，上海人民出版社2006年，第42页。

受大众的关注。它一般是乡村社会中最大、最引人注目的建筑。重楼深院中供奉着的一排排神祖牌位、宏伟的柱子和建筑装饰等，都神圣地标志着宗族虔诚地敬奉逝去祖先的精神价值。于是，“在宗族最为发达的中国南方，宗祠的规模、精致程度代表着宗族的财富、影响力和在当地的声誉。祠堂的核心部分是正厅的祖先祭台……祭台上成百上千的神主牌位是宗族长久与延续的标志，明确地提醒族人，不单是活着的人，而是活着的和死去的人共同构成了宗族的血脉”[1]。

同样，我们不能忽视，摆放在祠堂里的先祖牌位不仅仅是几块沉默不语的木头和石头，因为祖先的丰功伟绩也被刻在木头和石头上，以再现他们辉煌的过去。墙上、屋檐上、柱子上都有木刻牌匾，来展示曾经被朝廷封赏的官阶、科举的品级、公认的荣誉，以及朝廷、地方官员、公共组织授予有成就的宗族成员的嘉奖颂辞等。其他的一些牌匾刻有祖先留下的家训和箴言，以勉励后代子孙，让他们富有上进心和道德修养。看看这些神主牌位，再看看这些令人敬畏的官衔和道德训诫，人

[1]［美］杨庆堃著，范丽珠译：《中国社会中的宗教：宗教的现代社会功能与其历史因素之研究》，上海人民出版社2006年，第52页。

白市镇新舟村吴氏先祠

们几乎能听见先人从神坛上发出的声音，反复讲述他们的功绩，敦促活着的人珍惜先人创下的家业，并去获得更大的成就，以便光宗耀祖。由于祖先灵魂的神圣性，祠堂成了家族传统道德氛围的象征。另外，祠堂的祭奠仪式有助于保持群体对宗族传统和历史的记忆，维持道德信仰，群体的凝聚力借此油然而生。通过所有家族成员对仪式的参与，家族得以不断地强化自豪、忠诚和团结的情感。

而作为一种在中国社会生活中长期存在的活动方式，宗祠或者祠庙祭祖礼制显然有一个历史的发展和演变过程。

二、祠庙祭祖礼制兴起与历史演变：关于天柱宗祠修建的时代背景的讨论

通过对天柱域内宗祠进行田野作业以及相关族谱的解读。资料显示，天柱域内最早建立的祠堂在康熙三十四年（1695）[1]。显然这与当时的时代特征抑或历史场景有关，而关于这些历史场景，我们不可避免地需要进行一些回顾。

宗族（或称“家族”[2]），其形成及历史过程，据有关研究显示，宗族社会肇始于夏商周、兴盛于魏晋南北朝而鼎盛于宋元明清。[3]显然这是一种轮廓性的概括。事实上，在西周，就已经有了王族宗族、贵族宗族、平民宗族。换而言之，就是平民以上的人群中有着宗族组织。[4]秦汉以降至唐末，宗族的范围已向下层民众延伸，由皇族、士族、豪族、小族、义门等类型构成。前三种宗族成员众多，如瀛冀诸刘，清河张、宋，并州王氏等，达到“一宗近将万室，烟火连接，比屋而居”之景象[5]。而南北朝时河东汾阴薛氏，同姓就有三千家。[6]一个宗族有上万户，几千户的属民，已是相当巨大的社会群体。在宗族内部，又以血缘疏密关系分出房派，以闻喜裴氏来说，就有西眷裴、洗马裴、南来吴裴、中眷裴、东眷裴。[7]而自北魏中叶以后，时人虽然泛指郡望，实际上所指渐以房支为单位，至唐而更为明

[1]杨德润编：《天柱县民族·姓氏·村镇·文物集成》，天柱县文体广播电视局2007年，第463页。

[2]关于宗族与家族这两个概念的相互关系问题，徐杨杰在《中国家族制度史》一书中认为，家族又称宗族，它们在古书中包含的范围很不一致，也不很确定（徐杨杰：《中国家族制度史》，人民出版社1992年，第4页）。不过，这两个概念在明清以后，尽管也不是很清晰，但似乎宗族比家族所包含的范围更大。

[3]王善军：《宋代宗族和宗族制度研究》，河北教育出版社1999年，第1~2页。

[4]参阅李向平：《西周春秋时期庶人宗法组织研究》，《历史研究》，1989年第2期；彭邦本：《从曲沃代翼侯的宗法组织看晋国社会的宗法分封性质》，《中国史研究》，1989年第4期。

[5]杜佑：《通典》卷三《食货·乡党》，中华书局1988年，第23页。

[6]沈约等：《宋书》卷八十八《薛安都传》，中华书局2003年，第八册，第2215页。

[7]欧阳修等：《新唐书》卷七十一《宰相世系表》，中华书局2003年，第七册，第2244页。天柱域内各姓氏显然也分房，房不同，字辈亦不同，如远口吴氏。而杨氏则有一甲杨到十二甲杨之分。

显。[1]换言之，即在隋唐以降的历史长河中，宗族逐渐以支房为单位。

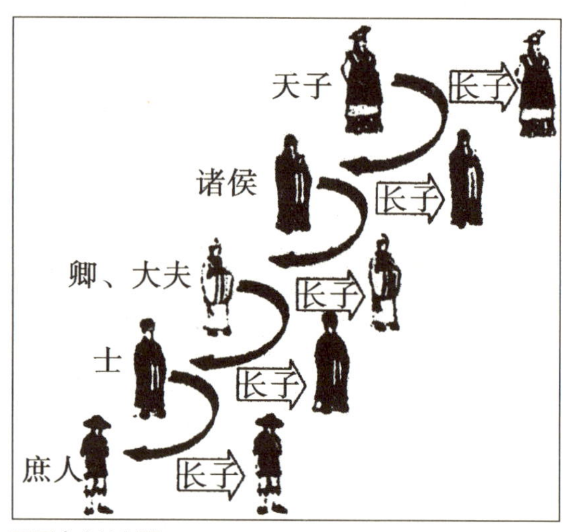

西周大宗法制服

对先祖的拜祭，《礼记》有言：“凡治人之道，莫急于礼。礼有五经，莫重于祭。”[2]《史记》里也说：“天地者，生之本也；先祖者，类之本也；君师者。治之本也。”“故礼，上事天，下事地。尊先祖而隆君师，是礼之三本也。”[3]而“报本之礼，祠祀为大”。祭祀对古人来说是国之大事，列为古代五礼之首。因此，祭祀无疑也是宗族的头等大事，是组成祠堂文化的重要部分。事实上，祀作为人类对上天和神灵仪式行为的一种形式，其目的在于获得他们的保护和祝福，这正是孔子之前的早期史料，如《书经》和《诗经》所载明的含义。随着春秋战国时期世俗化趋势的发展，祭祀的道德和社会意义更得到强调。作为这种趋势的一部分，孔子把祭祀作为礼的重要组成部分，以控制和规范社会行为。早期书籍如《礼记》和《国语》中就含有许多讨论祭祀世俗作用的段落，如培养孝顺，鼓励忠实以及“崇德报功”。[4]

但是，在中古以前，为祭祀祖先，贵族、官僚可以依爵位品级设立家庙，最多可以祭祀高、曾、祖、祢四代。士人、庶人不能设家庙，在寝堂内供奉祖先牌位，只能祭一代。无论官民都不能祭祀始祖，这是按照周朝大宗法的内容设计的制度。但到宋朝早已过时，政府虽然还有这种规定，但人们已难于遵守。而且它和宗法的五服制度不相合，法律关于人们宗族关系的条文是以五服为范围，族人之间遇有丧葬，也依五服关系服丧，可是庶人祭祀只到父亲一代，高、曾、祖不在祭祀范围之内，就不能尽思孝之道。这是宗法制度内部的矛盾。人们就想在思想上和实践上加以突破。程颐说：“凡人服既至高祖，祭亦应至高祖，不祭甚非。某家却祭高

[1]毛汉光：《中国中古社会史论》，台湾联经出版公司1998年，第233页。

[2]《礼记注疏》卷四十九，载《文渊阁四库全书·经部》，第116~291页。

[3]司马迁：《史记》卷二十三《礼书第一》，中华书局1982年，第1243页。

[4]参阅［美］杨庆堃著、张晓丽译：《儒家思想与中国宗教的相互作用》，载［美］费正清编：《中国的思想与制度》，世界知识出版社2008年，第291~321页，引文见第301页。

祖。”这里说的是，祭祖先应该与五服制度相一致，无论官民，皆可以祭高祖以下四代，而且他家就是这样实践的，朱熹赞同程颐的主张，认为它符合于祭祀的本意。[1]元、明时期不少人实行朱熹的祠堂规范，明初已经允许老百姓祭祀祖父母、父母两代。[2]

时到明代嘉靖，朝廷发生了一次“大礼议”的讨论，带来了皇室宗庙制度的改革，并放宽官民祭祖的规定。明世宗坚持己意，尊生父兴献王为皇考，将孝宗尊为皇伯考。嘉靖十五年（1536）十月戊子“更世庙为献皇帝庙”[3]，至十一月乙亥“增饰太庙，营建太宗庙，昭穆群庙，献皇帝庙成”[4]。在宗庙告成之时，礼部尚书夏言上疏建议皇帝在官民祭祖方面也加以“推恩”。其上疏为《请定功臣配享及令臣民得祭始祖立家庙疏》，该疏开宗明义：

臣仰惟九庙告成，祀典明备，皇上尊祖敬宗之心，奉先思孝之实，可谓曲尽，而上下二千年间百王所不克行之典，我皇上一旦行兴，搜讲稽订，协于大中，真足以考诸三王而不谬，百世以俟，圣人不惑矣。斯礼也，自当著为一代全经，以告万

[1] 参阅王应奎：《柳南续笔》卷三《庶人祭高祖》，中华书局1983年，第174页。

[2] 张廷玉等：《明史》卷五十二《礼志》，中华书局1974年，第五册，第1341页。

[3] 许重熙：《宪章外史续编》，上海古籍出版社2005年，第47页。

[4]《明实录·世宗实录》卷一九三，嘉靖十五年十一月乙亥条，台湾省“中央研究院”史语所校印本，第4083页。

世，岂臣一时所能扬厉而悉陈之。惟是本朝功臣配享，在太祖、太宗庙各有其人，自仁宗以下，五庙皆无，似为缺典。至于臣民不得祭其始祖、先祖，而庙制亦未有定则，天下之为孝子慈孙者，尚有未尽申之情。臣忝礼官，躬逢圣人在天子之位，又属当庙成，谨上三议，渎尘圣览，倘蒙采择，伏乞播之诏书，施行天下万世，不胜幸甚。[1]

从这份奏疏来看，夏言在皇室“九庙告成”的形势下，为了使宗庙祭祖礼制“著为一代全经”，审时度势，请求补上仁宗以下没有功臣配享的缺典，允许臣民祭其始祖、先祖，确立庙制的定则。在夏言看来，这是将皇帝尊祖敬宗之心、奉先思孝之实推及臣民，以显示皇恩浩荡，从而革新礼制，以告万世，使君臣青史留名。皇帝接受了这一建议。[2]自此之后，明人可以合法地祭祀四代先祖。所以到了清代，政府规定：“庶人家祭，设龛正寝北，奉高、曾、祖、祢位。”[3]显然，到了清代，家庙祭祖制度详备并有新变化，表现在祭祖权的下移、官民皆可祭祀始祖、官民常可以祭祀四代祖先、部分人士可以建家庙等方面。这对于民间兴起“寻根热”和“祠堂潮”起到了非常重要的促进作用。

与此同时，清代官品所立之“庙”，实际上就是祠堂。至于士庶之家，则可别立宗祠。宗祠亦即祖祠，民间多泛称祠堂。清代民间修宗祠祭始祖，是明嘉靖以来宗祠普遍化的延续。不仅民间，官员也在家庙祭祀始祖，且为官场认可。史学家赵翼曾说：“今士大夫家庙皆曰祠堂。”[4]宗祠的祭祖，是祭祀始祖和先祖。始祖是专祀，各宗族所祭祀的标准不太一样。尤以祭始迁祖为多，而始祖往往是最早做官迁往外地者。先祖是始祖以下，高祖以上之祖，祭先祖是从祀。对享受祭祀的先祖有一定的选择条件，一般是强调辈分或德、爵、功。清朝规定的品官家庙是建于居室之东，这既是古制，也是《家礼》提出的主张。不过清代的宗祠普遍是另择地而建，清人陆耀说：“今世俗之祠堂，既不与寝相连，神不依人，而又祀至数十世之远。”[5]这显然有别于古制和《家礼》的限制，这也是清代宗庙礼制全面平民化的

[1]夏言：《夏桂州先生文集》卷十一，四库全书存目丛书本。

[2]张廷玉等：《明史》卷五十二《礼志》，中华书局1974年，第五册，第1342页；因为《明实录·世宗实录》未载皇帝接受这一建言，常建华对这一问题进行了深入的探讨，认为这一规定针对品官而言，没有向天下明诏（参阅常建华：《明代宗族祠庙祭祖礼制及其演变》，《南开学报》，2001年第3期）。但通过观察常先生的讨论过程，我们有理由相信，夏言的上疏已经引起了各方的注意，以致诸多书籍都载有这一史实。

[3]赵尔巽等：《清史稿》卷八十七《礼志》，中华书局1977年，第十册，第2613页。

[4]赵翼：《陔余丛考》卷三十二《祠堂》，中华书局2006年，第179页。

[5]贺长龄：《清经世文编》卷六十六陆耀《祠堂示长子》。

坌处镇三门塘刘氏宗祠侧景

表现。

而天柱域内兴起建立祠堂的风潮，正是处于清代乾隆时期。在我们统计的104座宗祠中，始建于乾隆时期的就有27座，这在后文我们会详细描述。显然，天柱域内宗祠的兴建，符合当时历史时代的要求和特征。

第二节 天柱宗祠的形成与发展

一、天柱宗祠的形成

天柱域内宗祠始建年代，在我们检视康熙《天柱县志》和光绪《续修天柱县志》两种官方文献中，并未见其对于宗祠的叙述，亦无从了解宗祠的始建年代。直到从最近修的《天柱县志》中，才检阅到了对三门塘刘氏宗祠的简介。[1] 显然，对

[1] 书中是把三门塘作为文物来描述，据载，该祠建于光绪十八年(1892)（参见《天柱县志》，贵州人民出版社1993年，第820页）。然而，在民间文献或民间口述史的表述中，该祠始建于清乾隆年间，光绪十八年只是在咸同兵燹之后的一次重建。

天柱域内的宗祠记录，多是民间行为，即多数关于宗祠的资料都存在于民间的族谱或宗祠修建祠堂的碑记之中。因而，在讨论天柱宗祠的形成时，我们主要的依据是这些民间碑刻、族谱、口述等方面的资料。宗族能够建立或者形成，除了前文关于历史场景的讨论外，要在一个“中古”之前还处在“王化”之外，直到明代才纳入国家秩序中的少数民族聚居之地，显然要具备一些更具体的条件方能使宗祠文化兴盛起来。

首先，大量汉民的迁入而形成移民聚居群落尤其是聚族而居的社会群落，是宗祠能够建立的首要条件。天柱，这个清水江下游的区域，直到明初之时，才引起官方注意，即明洪武二十五年（1392）才建立天柱守御千户所，明万历二十五年（1597）方置县，隶属湖广靖州。[1]雍正五年（1727）改隶贵州黎平府，雍正十一年（1733）改隶贵州镇远府。[2]在隶属的不断变动中，处于清水江下游地区的天柱逐渐发展起来。尤其是清初开辟贵州“新疆”之后，作为经营贵州苗疆的主要通道，清水江作为交通运输要道的重要意义进一步显现出来，由此引起了地方官的重视，并先后数次组织对清水江干流及主要支流进行疏浚，使其成为贵州省东南部地区通过沅江与长江下游地区乃至与全国联系起来的最为便捷的通道。[3]此后以“木材”为中心的大规模的商品贸易时代逐渐到来。伴随着贸易往来，人口流动逐渐加剧，许多外来人口定居天柱，甚至有交银而“附籍”天柱的汉族民众。[4]在截止2005年天柱人口普查的共207个姓氏中（实为206，荀姓重复，另有13个姓没有人口数记录）[5]，北宋迁入天柱域内有陈姓，南宋迁入者有吴、蒋、杨、龙四姓。

---

[1]康熙《天柱县志》上卷。

[2]光绪《续修天柱县志》卷二《地理志》。

[3]关于清水江水道网络及其疏浚以及开通清江之利的精彩讨论，请参阅张应强：《木材之流动：清水江下游地区的市场、权利与社会》，三联书店2006年，第28~39页。

[4]光绪《续修天柱县志》卷七《人物志》。

[5]杨德润编：《天柱县民族·姓氏·村镇·文物集成》，天柱县文体广播电视局2007年，第64~65页。据该书统计，天柱域内之姓氏按人口多少分别为：杨、龙、吴、刘、潘、王、罗、陈、袁、蒋、张、李、周、彭、姚、欧阳、胡、舒、黄、唐、伍、宋、林、姜、蒲、谭、陶、秦、谌、梁、孙、田、陆、江、粟、郑、何、谢、欧、石、肖、游、龚、杜、邓、乐、徐、朱、曾、白、向、贺、熊、廖、汪、董、莫、武、沈、邹、魏、鲍、全、丁、许、申、尚、付、万、补、余、明、韩、尹、甘、项、薛、纪、曹、郭、蔡、段、麻、文、赵、吕、金、高、栗、于、范、覃、钟、雷、宿、马、汤、胥、腾、易、郎、苏、印、佘、叶、章、代、瞿、屈、黎、卢、戴、饶、滕、韦、毛、左、严、符、程、夏、阳、艾、冯、殷、任、侯、喻、兰、池、闫、闾、禄、赖、洪、包、安、尧、梅、平、湛、康、施、孔、晏、封、邱、冉、祝、鲁、顾、方、甄、禹、詹、宁、冷、崔、倪、支、扬、匡、修、宗、寇、云、牟、郎、孟、楚、邵、葛、庞、涂、成、应、荀、钱、练、荆、巢、管、聂、和、乔、经、柳、岳、樊、费、储。（无人口数记录者，霍、帝、鄢、祈、胥、召、巴、溧、红、敖、班、卜、明）人口过十万者有杨氏（104422人）、过万者有龙氏（40309人）、吴氏（34739人）、刘氏（16451人）、潘氏（14119人）、王氏（13296人）、罗氏（13109人）。自储姓之后并无人口数统计。

远口镇吴氏始迁祖吴盛石像

元代迁入者有杨（与宋代迁入不同支）、龙（与宋代迁入不同支）、潘、刘、袁、彭、罗，共七姓。明代迁入者有周、欧阳、胡、龚、张、肖、尹、鲍、梁、欧、姚、乐、郑、舒、谢、姜、谭、游、陶、伍、宋、全、秦、孙、唐、王、明、粟、陆、徐、黄、曾、姓、朱，共三十四姓。清代迁入者有何、姚、石、林、苏、丁、蒲、万，共八姓。[1]这里，我们似乎见到了历史上各种姓氏大规模迁入天柱的情形。值得注意的是，这种迁移过程，大体分为两种，即民众自然移民和军事移民。在前一种移民中，以远口吴氏为代表，据该族多次的撰修之族谱称，远口吴氏开基祖原为南宋大理寺丞吴盛，因刚直而得罪权贵贾似道，为避迫害，携其子吴八郎远迁湖广靖州远口。[2]军事移民在天柱域内家族的家谱中，反映得更多，尤以龙氏和杨氏最为显赫。[3]尽管族谱或有不实之嫌，但宋代以降伴随着中央王朝对西南的开

[1] 杨德润编：《天柱县民族·姓氏·村镇·文物集成》，天柱县文体广播电视局2007年，第366~382页。这里表述的只录不重复的姓氏，因为在这一历史长河中，同一姓氏在明、清也再有迁入者，或者迁出又迁入者。

[2]《远口吴氏通谱》（第一卷），2000年内部印刷本，各种版本的《远口吴氏族谱》都记载如是，在各种场合，天柱域内的吴氏族众对始祖的记忆和认同，都遵循这一迁徙过程。

[3] 天柱、锦屏两地之《龙氏族谱》对其祖源都有细致的描述，尤以龙氏《迪光录》（共7卷）备载最详；杨德润对清水江流域近四十部《杨氏族谱》进行了梳理，编著《天柱弘农杨氏通志》，书中详细描述了天柱域内杨氏的来龙去脉（参阅杨德润：《天柱弘农杨氏通志》，2002）。

发，移民不断到来，则是不争的事实。《贵州通志》即有载，清代民众由“湖南至贵州，一路扶老携幼，肩挑背负者，不绝于道”[1]。通过宋代以降汉族各大姓氏不断迁入天柱域内，天柱域内逐渐形成了聚族而居的社会组织——宗族社会。同时，他们的到来，对开发边疆具有不可估量的功绩。同样，他们也带来了一套儒家伦理纲常，传统中国社会中的宗族思想或者文化，随着他们的到来，慢慢地在天柱域内铺展开来。只要具备适当的条件，宗祠便可破土而建。

其次，清水江下游社会经济的发展，为宗祠在清水江下游两岸的建立提供了物质基础。因为精美的宗祠兴建，其费用颇为庞大，连祠堂屋基都是一笔不菲的费用。试看下列两则祠堂屋基买卖契约：

契约1　立卖屋基契人粟天锡、天林、天吉、天盛，刘廷赞、德瑞、武先，今因要钱用度无从得处（出），两姓商议，情愿将到祖遗土名会同城内西门刘家坳屋基一所，过间六丈四尺，进深拾丈二尺，四进六间，其开四至，前抵城垣断，后抵巷路断，左抵宋家菌断，右抵子秀菌断，四抵分明。要行出卖，无人成就，请中招到刘斯文、惟德、天与、子茂、子秀、永芳、干瑞、文献、子易、拔元、子才、君祥、德纯、明辉、伟器、占先、子瑞、廷才、廷乔、廷总、廷福、廷元、廷珊、廷光、廷选、玉显、文德、仕引、子章等阖族承买为业，以作宗祠地基，三面议定价银，九五色八十五两八钱整，其银二姓亲手领足，并不下欠分毫，其地基任从刘氏合族竖造宗祠，春秋祭祀。卖主房族人等不得异言阻当，倘有来历不明，界址不清，卖主尚前理落，不与买主相干，一卖一了，永不回头，恐后无凭，立卖契一纸，附登家乘，永远存照。

契内银价同日凭中领足。

粟履中，笔。

凭中：何希泰、唐退存。

卖主：粟天锡、粟天吉、粟天盛、粟天林、刘廷赞、刘武先、刘德瑞。

二姓卖契举议，粟天林，笔。

大清乾隆三十七年冬月上浣，谷旦。

阖族众等熏沐敬录。[2]

一座约600平方米的地基，在乾隆三十七年（1772）需银九五色八十五两八

[1]［民国］《贵州通志·前事志》（三），贵州人民出版社1988年，第466页。

[2]录自天柱《刘氏宗谱》首卷，光绪壬辰刻本（1892）。

坌处镇三门塘王氏宗祠

钱，显然不便宜，加上建宗祠所需要的木材、石料、务工、工匠等费用，可以想见，没有雄厚的财力，是断然不会倡议建立宗祠的。而光绪二十七年（1901）时的宗祠地基买卖亦是价格不菲。

契约2　立契杜卖基地人龙见田，今因要钱使用无从得处（出），父子商议，自愿将到面分得买天柱城东门内萧家巷口基地三墱，计开四至，东抵萧姓家祠地，西抵萧家巷老路，南抵大田，北抵萧姓田，四至土墙在内，请中上门问到袁兆昆、袁献廷、袁应升、袁大日众族人等承买为业。三面言定卖价钱二十一千八百八十文整。即日入用领足，其有画字酒席一概领清，自卖之后，任从买主起造砌照老路而行基中，如有不清，在卖主向前理落，不干买主之事，二比并无翻悔。今欲有凭，立此卖契永远流芳为据。

凭中：杨德兴。

房亲：耀魁、耀森、兴兰、兴富、耀升、道引。

光绪二十七年九月初八日亲笔立。[1]

---

[1] 录自天柱《袁氏家谱》卷一，民国六年刻本。

尽管契约2中并未注明地基长、宽。但据田野资料显示，这座立于天柱县城中的袁氏宗祠，2005年进行过一次维修，有碑记载该祠堂占地面积624平方米，建筑面积为529平方米。值得一提的是，据立于该祠祠内《维修袁氏宗祠碑记》统计，此次维修总共集资近9万元，总捐资近12万元，合计21万元。可以想见，祠堂的建立耗费会更加繁多。

凤城镇袁氏宗祠维修捐款碑

尽管如此，自明代以降，处于清水江下游的天柱域内，社会经济发展逐渐加快，尤其是域内之木材、桐油、茶油等经济林的大面积种植，为当地带来了巨大的经济利益。清代天柱域内，“遍地杉木，土产以木植为大宗”[1]。明清从皇木征伐到其他木商所带来的经济利益，引发的清水江下游的“百年争江”，木材贸易在清水江下游包括天柱在内的地区相当兴盛，木材随清水江而流动，浩浩荡荡直下，流入长江中下游沿岸城市，最远沿运河运到北京，乃至全国各地。这种靠木材建立的市场贸易网，把清水江下游地区导入了全国的市场网中来。[2]同样，天柱域内自远口下远洞到地湖一代，“多产茶油”。[3]桐油、茶油所带来的经济效益在天柱来说，绝不在木材之下。民谚所谓：“头年一杆杆，二年一把伞，三年大老板”、“家有千株桐，一世不会穷”，

清水江木材运输（天柱县旅游局龚农兵提供）

[1]［光绪］《续修天柱县志》卷三《食货志》，第208页上。

[2]关于清水江下游木材贸易而形成的所谓“清江四案”及其相关研究，可参阅张应强《木材之流动：清代清水江下游地区的市场、权力与社会》（北京：生活·读书·新知三联书店2006）。

[3]［光绪］《续修天柱县志》卷三《食货志》，第208页上。

道出了民众种植桐油的切身感受。这主要得益于桐油之功能，因其渗透力强又防潮防腐，是油漆房屋、船只、亭阁、农具、家具的主要油料，故而在工业时代来临之前，颇为畅销。由种植桐油、茶油而致富的民众亦不在少数。[1]显然，社会经济的发展所带来的效益为建立宗祠所需物质基础提供了保障。

再次，宗族势力逐渐强大，是宗祠能建立不可或缺的重要因素。宗族势力主要包括族众的增多、科举功名的获取、所受教育程度的提高，尤其族众齐心协力显得极为重要。罗氏的建祠过程为我们展示了这一情况，其《倡修罗氏宗祠记》曰：

盖闻物本乎天，人本乎祖。祖之不可不敬，即祠之不可不修。如我罗氏，巨族也。自快良公由楚入黔，历明及清五百有余年，二十有余世，子孙繁衍，迁徙不一。问之宗祠，向未建立。凡我孙子，当秋霜春露，能弗歉然？光绪庚子敬修族谱，告成后，族兄永魁提议建祠。赖时以谱牒方竣，力不从心，犹有难色，当商诸同人。幸劝捐有永标，监工有永晖，协力赞襄有幸峥、幸森、幸钦、永谋、永执、永豫、永久、永伦、安荣、安治、康宁、暨昌元、顺堂、顺乙、幸略、幸厚、永豪、永芳、永耀、永来、永全诸君，交相激励，务期必成。赖忝董其事，自维年幼才疏，曷敢胜任？第以本源盛举，义无可辞，用是不避怨劳，即选吉地。取定于天柱南区、高酿定新、平地三寨之中，土名德岀老之田一亩而基焉。由兹鸠工庀材，次第经营。癸卯肇造正宇，丙午筑封墙垣，丁未续修外室，庚戌接建门楼，不数年而厥功粗成。是岂赖等之能力？实叨祖宗之冥冥呵护，族众之捐输以致之耳。是祠也，地丽孔道，山与水无日不寓目。第见万叠云峰，奔入几筵，或拱或揖，森然如子孙竞绕也。一派清流映带，堂阶或左或右，悠然见祖泽绵长也。于是而举创之，不惟我祖，灵爽有所式凭，即后之陈俎豆，荐馨香，礼乐衣冠，一堂济济，亦可卜千秋弗替矣。祠喜落成，爰记数言以示后。

督修：嗣孙永赖（榜篆）经邦燮堂氏敬撰。[2]

诚然，建祠需要有人号召，号召之后需要有人响应。而建祠的过程则更需要族众之力方可成事。同样，若借科举功名之人号召，则更加容易。如白市新舟宋氏先祠，就是由白市新舟宋氏族众为纪念乾隆三十一年（1766）其族进士宋仁溥，并弘扬家声所建。扬我族名，显然也是促进建祠的主要动力。从诸多天柱城内家祠的门联上，我们便能看出这种诉求的强烈表达。

[1] 参阅袁显荣：《清江祠韵》，大众文艺出版社2005年，第69页。

[2] 录自《罗氏宗祠记·倡修罗氏宗祠记》，民国三十三年抄本。

末次，科举功名显然也是最为重要的一个因素，即天柱自明清以降的教育在黔省尤其在黔东南来说，还是较为发达的。从官方的文献中，我们可以知道，在科举竞争激烈的中国古代，天柱域内出了进士4人，举人20人。这在一个科考相对滞后的边疆之地，显然是了不起的成就。由于诸多域内人士都接受了教育，因而文化程度较高，也由此接受儒家文化较多。其中，儒家文化中强调宗法观念的思想也一并在天柱域内兴起。更为关键者，作为移民之地，聚族而居，强调宗族团结的文化氛围，迫使这些民众需要一个能够表达这一诉求的公共空间，而祠堂显然是他们最佳的选择。

最后，我们不要忘记，天柱域内宗祠多兴建于清水江两岸，这关乎建材问题，宗祠建立的主要材料除木材之外，更为主要的是石料的获得。清水江边的泥沙、青石是主要的建筑材料，因而，清水江沿岸宗祠林立，可以说这也是主要因素之一。另外，清水江两岸赖于水路交通的便利，为宗祠的修建亦提供了方便。

总之，明代后期以降，随着宗祠祭祀始祖的普遍化，宗族由出了服的同宗族人构成已是普遍现象，拥有上千丁口的宗族不在少数。众多的族人被纳入多种层次的房支结构中，由于宗祠的普及而被组织化。清代南方闽、粤等地区械斗就在一定

程度上是宗族的这种结构性膨胀和组织化的结果。同时，宗族的政治化及政权的互动在加强。宗族的普遍化，以及宗族的结构性膨胀和组织化成为基层社会最重要的民间乡里组织的特征，这自然引起当时政权的高度重视。在中央集权体制下，政权对基层社会的控制势必同宗族组织发生联系以致相互作用。清政府希望宗族用传统的儒家伦理来“齐家”，成为政府的基层组织，以维持地方秩序。基于这种想法，清廷坐视民间宗族违反礼制建立宗族祠庙，批准族规，支持族长依据家法对宗族进行管理；清政府通过旌表提倡宗族设置族田，为租田立册存案，载于志书，给予执贴，勒石保护，禁止盗买、盗卖义田；提倡修撰族谱等。因此，清朝民间建家祠的风潮遍及全国各地，尤其以中国的南方为最。

而清代天柱，尽管地处边圉，但随着汉族移民自宋代以降不断的迁入，渐渐形成了宗族组织的聚居群落。为了表达自己祭祖的诉求，尤其是迁移始祖的祭拜，在具备了族众增多、经济实力增强的条件之后，宗族组织便开始了建宗立祠的宗族活动。于是从清代前期开始，逐渐出现了以杨氏、吴氏为主的宗祠，其他宗族亦不甘落后，在清水江两岸逐渐形成了宗祠群。

二、天柱宗祠的发展

在田野资料中，我们发现，清代以降天柱建立宗祠的大体趋势，起于清水江沿岸，主要集中于现在的白市、远口、坌处三镇所辖的村落。[1]然后向清水江支流及其他村落延伸。为了更好地说明清代以降天柱宗祠的发展过程，包括重建、修葺在内，我们把天柱域内宗祠的发展分为三个时期：大规模修建时期，大规模修建、重建葺时期和第二次重建、修葺时期。

首先，大规模修建时期，是指天柱域内各宗族修建宗祠阶段，主要在清康熙三十四年（1695）到道光十七年（1837）近一百五十年的时间里，共建宗祠48座。在边疆少数民族聚居之地，能在一百多年间建立起如此众多的宗祠，举国少见，因而我们也有必要把这些宗祠的兴建简况做一番描述，具体参见下表。

[1] 尽管前文提到在天柱所能见到的材料中，建祠最早的是在邦洞镇（非清水江两岸），为康熙三十四年(1695)，比清水江两岸最早的乾隆元年(1736)早近四十年。但确切的资料并未发现(比如修建祠堂碑记)，而且是孤立的一座宗祠，显然不似乾隆元年之后的清水江两岸兴起的建祠风潮，我们有理由怀疑这一记载的真实性。因为康熙二十年(1681)始结束三藩之乱，贵州是主要战场之一，经济恢复亦不可能在短短十多年时间完成。而且据前面的讨论可知，雍正之后，祖庙祭拜礼制方进一步散诸民间。当然，这并非否认该祠堂的建立年代，只是提出一些供讨论的话题。

坌处镇三门塘古民居

表一

姓　氏	祠堂名称	祠堂地址（乡镇、村）	建造年代
吴　氏	吴氏宗祠	远口镇街上	康熙四十六年（1707）
杨　氏	杨氏家祠	远口镇云潭湾（上寨）	乾隆五十九年（1794）
吴　氏	吴氏宗祠	远口镇中团村	乾隆四十七年（1782）
吴　氏	吴氏先祠	白市镇新舟村	乾隆十年（1745）
乐　氏	乐氏宗祠	白市镇北岭村	乾隆三十九年（1774）
杨　氏	杨氏宗祠	白市镇岩坳村	嘉庆七年（1802）
袁　氏	袁氏宗祠	白市镇地祥村	道光三年（1823）
杨　氏	杨氏先祠	白市镇白市村	嘉庆二年（1797）
姚　氏	姚氏宗祠	白市镇北岭村	嘉庆年间（？）
胡　氏	胡氏宗祠	瓮洞镇街上	道光七年（1827）
杨　氏	杨家宗祠	江东乡江东村	嘉庆十七年（1812）
刘　氏	刘氏宗祠	坌处镇三门塘	乾隆初年（？）
王　氏	王氏宗祠	坌处镇三门塘	乾隆年间（？）
吴　氏	吴氏宗祠	坌处镇抱塘村	乾隆二年（1737）
粟　氏	粟氏宗祠	坌处镇抱塘村	乾隆十年（1745）
吴　氏	吴氏宗祠	坌处镇地冲村	乾隆二年（1737）
潘　氏	潘氏家祠	竹林乡高坡村	乾隆元年（1736）
彭　氏	彭氏家祠	竹林乡地坌村	乾隆五年（1740）
潘　氏	潘氏宗祠	竹林乡淯头村	嘉庆二年（1797）

续表一

姓　氏	祠堂名称	祠堂地址（乡镇、村）	建造年代
吴　氏	吴氏宗祠	地湖乡罗家湾	乾隆四十五年（1780）
杨　氏	杨氏宗祠	凤城镇乐寨村八甲杨	道光九年（1829）
欧阳氏	欧阳氏总祠	凤城镇雷寨村东边迎春坪	乾隆二十八年（1763）
欧阳氏	兴元公宗祠	凤城镇雷寨村塘沃	乾隆三十二年（1767）
欧阳氏	兴旺公宗祠	凤城镇雷寨村东边迎春坪	乾隆三十二年（1767）
欧阳氏	兴忠公宗祠	凤城镇雷寨村永新街高场	乾隆三十二年（1767）
杨　氏	杨氏宗祠	凤城镇雷寨村东边迎春坪	乾隆三十二年（1767）
周　氏	周氏宗祠	凤城镇雷寨村塘沃	乾隆四十二年（1777）
杨　氏	杨氏宗祠	凤城镇乐寨村四甲杨	乾隆三十四年（1769）
杨　氏	杨氏宗祠	凤城镇老寨村五甲杨	道光十七年（1837）
陆　氏	陆氏宗祠	凤城镇润松村巴州	嘉庆二十一年（1816）
蒋　氏	蒋氏宗祠	凤城镇西门北门之间	嘉庆二十年（1815）
肖　氏	肖氏宗祠	凤城镇东门	嘉庆元年（1796）
杨　氏	杨氏宗祠	邦洞镇街头馆塘四甲杨	道光三年（1823）
杨　氏	杨氏宗祠	邦洞镇街上（今供销社）	道光三年（1823）
谌　氏	谌氏宗祠	邦洞镇谌家湾	道光五年（1825）
杨　氏	杨氏宗祠	邦洞镇观周披头寨五甲杨	康熙三十四年（1695）
杨　氏	杨氏宗祠	蓝田镇杞寨村八甲杨	嘉庆二年（1797）
杨　氏	杨氏宗祠	蓝田镇杞寨村五甲杨	嘉庆二年（1797）
伍　氏	伍氏宗祠	社学乡桥联村	乾隆年间（？）
王　氏	王氏宗祠	社学乡田心寨	道光五年（1825）
吴　氏	吴氏宗祠	社学乡平衙寨	乾隆四十五年（1780）
吴　氏	吴氏先祠	社学乡白旄寨	乾隆五十二年（1787）
杨　氏	杨氏宗祠	渡马乡老街	乾隆十二年（1747）
陈　氏	陈氏宗祠	渡马乡龙盘村度暮寨	乾隆五年（1840）
周　氏	周氏宗祠	渡马乡龙盘村度暮寨	乾隆四十二年（1777）
陈　氏	陈氏宗祠	渡马乡龙盘村冲头	乾隆五十二年（1787）
杨　氏	杨家宗祠	渡马乡岩门村内寨	乾隆二十四年（1759）
谭　氏	谭氏宗祠	渡马乡共和村	道光八年（1828）
陶　氏	陶氏宗祠	渡马乡新坪村	道光九年（1829）

资料来源：大量的田野资料（包括天柱各姓氏族谱关于宗族祠堂的记录、立于祠堂里的修祠碑记等）是本表制作的资料来源之一，同时本表的制作还参考了杨德润编《天柱县民族·姓氏·村镇·文物集成》（天柱县文体广播电视局2007）、袁显荣《清江祠韵》（大众文艺出版社2005）中关于天柱域内宗祠兴建的年代记录。另需说明的是，表中地名为今天行政区域名称。

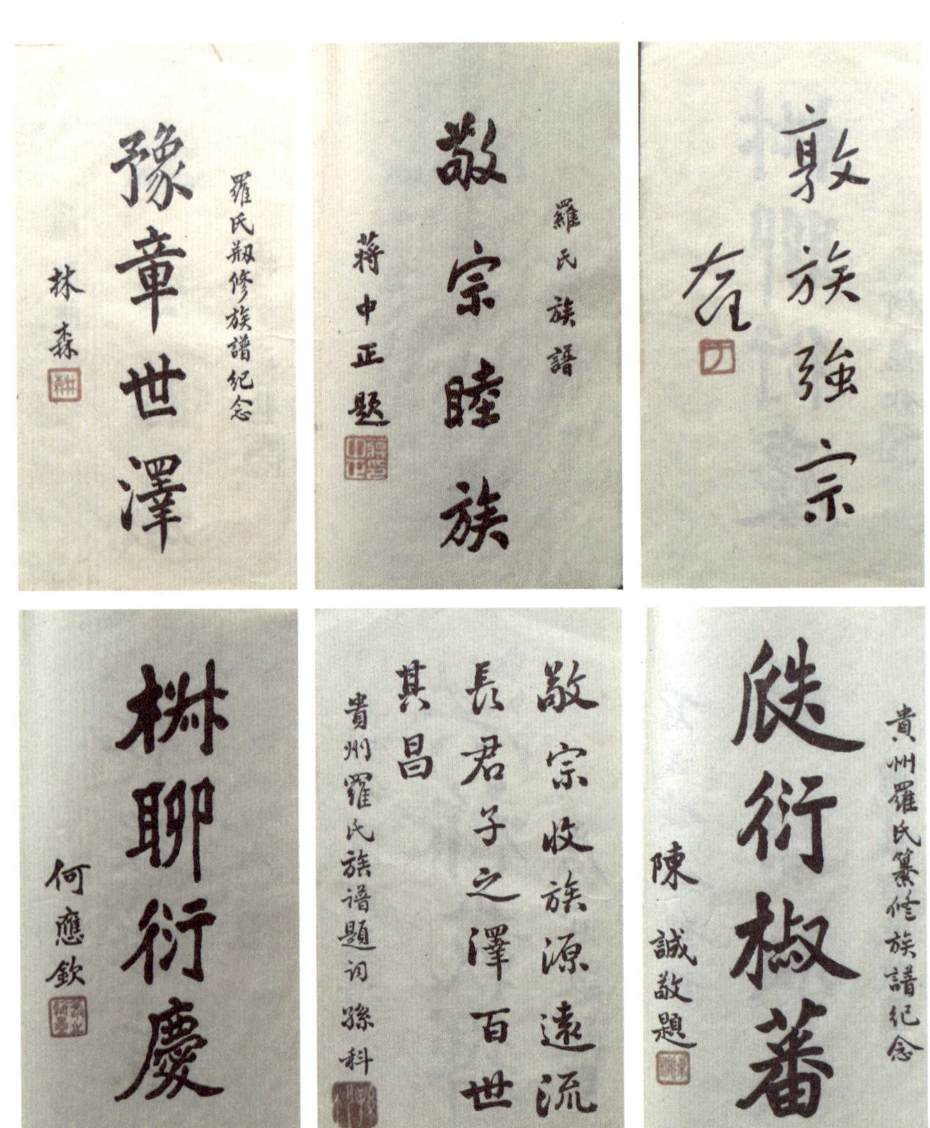

民国党政要员为罗氏族谱题词

从表一我们不难看出，48座宗祠中，建于康熙年间的祠堂有2座、乾隆年间27座、嘉庆年间10座、道光年间9座。显然，这一百多年是宗祠建立的高峰期。这48座宗祠，主要集中在天柱域内经济较为发达、交通较为便利之地，即清水江沿岸有20座，县城周围有16座，另渡马有6座。而高酿、石洞等大镇在这一时期并未见宗祠出现。另外值得一提的是，天柱域内由外迁来的大姓，建立宗祠最多，尤其是杨氏，有16座、而吴氏亦有8座。这与此两姓氏迁入天柱时间早、居住之地的地理环境优良及人口快速增长有关。

其次，大规模修建、重建时期，主要集中在咸同兵燹（1854—1868）后一直到中华人民共和国成立之时八十余年的时间里。究其原因，乃咸同兵燹时，张秀眉、姜应芳义军在黔东南一带与清军作战。而作为“王化”较早的天柱域内，科举使得天柱士绅稍多，乡绅组建民团与义军抗衡，兵燹甚重。义军过清水江境时，诸多宗祠毁于一旦。在后来修建宗祠的碑记或家谱中关于祠堂的记录，都言及了咸同兵燹对祠堂所带来的灾难。据不完全统计，天柱域内毁于咸同兵燹的宗祠多达27座。因而咸同兵燹后，天柱域内再次兴起建立和修葺祠堂的高潮，这一次祠堂修建和修葺之风一直延续到中华人民共和国成立之前。建立祠堂，修撰家谱，来唤起共同的祖先记忆以起到凝聚人心的作用，也促使了祠堂建立的风潮。下面就是这一时期天柱域内祠堂建立的情况细表。

表二

姓氏	祠堂名称	祠堂地址（乡镇、村）	建造年代	备注
袁氏	袁氏宗祠	凤城镇东门	光绪二十七年（1901）	重建
周氏	周氏宗祠	凤城镇润松村坝寨	民国十二年（1923）	建立
蒋氏	蒋氏宗祠	凤城镇西门	光绪十九年（1893）	建立
郑氏	郑氏宗祠	邦洞镇上高野村	光绪二十二年（1896）	建立
姜氏	姜氏家祠	邦洞镇坌溪寨	民国年间（？）	建立
舒氏	舒氏宗祠	白市镇新舟村	光绪二年（1876）	建立
宋氏	宋氏先祠	白市镇新舟村	民国二十七年（1938）	建立
姚氏	姚氏宗祠	白市镇汶溪村	光绪十七年（1891）	建立
梁氏	梁氏宗祠	蓝田镇都甫村	民国三十八年（1949）	建立
杨氏	杨氏宗祠	蓝田镇都甫村	民国三十八年（1949）	建立
罗氏	罗氏宗祠	蓝田镇都甫村	民国三十八年（1949）	建立
刘氏	刘氏宗祠	高酿镇章寨村	宣统元年（1909）	建立
龙氏	龙氏宗祠	高酿镇地良村浩寨	民国二十二年（1933）	建立
吴氏	吴氏总祠	远口镇街上	光绪十六年（1890）	重建
罗氏	罗氏宗祠	远口镇潘寨村	光绪二十四年（1898）	建立
吴氏	吴氏分祠	远口镇黄田村	民国十六年（1927）	建立
杨氏	杨氏家祠	远口镇青云村（上）	光绪三年（1877）	建立
杨氏	杨氏家祠	远口镇青云村（下）	光绪三年（1877）	建立
罗氏	罗氏先祠	远口镇夏寨村	光绪二十二年（1896）	建立
胡氏	胡氏宗祠	瓮洞镇街上	道光七年（1827）	重建

续表二

姓氏	祠堂名称	祠堂地址（乡镇、村）	建造年代	备注
伍氏	伍氏宗祠	社学乡桥联村	宣统元年（1909）	重建
何氏	何氏宗祠	社学乡桥联村	宣统元年（1909）	建立
王氏	王氏宗祠	社学乡田心寨	光绪三十一年（1905）	重建
吴氏	吴氏先祠	社学乡白旄寨	民国三十三年（1944）	重建
杨氏	杨氏宗祠	渡马乡老街	光绪三年（1877）	重建
陈氏	陈氏宗祠	渡马乡龙盘村度暮	光绪六年（1880）	重建
杨氏	杨氏宗祠	渡马乡岩门村外寨	民国四年（1915）	建立
杨氏	杨家宗祠	渡马乡岩门村内寨	民国六年（1917）	重建
罗氏	罗氏宗祠	渡马乡岩门赤暮罗	民国十三年（1924）	建立
王氏	王氏宗祠	坌处镇街头	民国五年（1916）	建立
刘氏	刘氏宗祠	坌处镇三门塘	民国二十二年（1933）	重修
王氏	王氏宗祠	坌处镇三门塘	光绪三十四年（1908）	重建
粟氏	粟氏宗祠	坌处镇抱塘村	光绪二十二年（1896）	重建
唐氏	唐氏宗祠	竹林乡杨家村	光绪八年（1882）	建立
潘氏	潘氏家祠	竹林乡高坡村	光绪三十三年（1907）	重建
秦氏	秦氏宗祠	注溪乡新址左侧坎下	民国九年（1920）	建立

资料来源：大量的田野资料（包括天柱各姓氏族谱关于宗族祠堂的记录、立于祠堂里的修祠碑记等）是本表制作的资料来源之一，同时本表的制作还参考了杨德润编《天柱县民族·姓氏·村镇·文物集成》（天柱县文体广播电视局2007）、袁显荣《清江祠韵》（大众文艺出版社2005）中关于天柱域内宗祠兴建的年代记录。另需说明的是，表中地名为今天行政区域名称。

尽管表二的统计未能全面反映该时期天柱域内宗祠的发展情况。但自咸同兵燹后直到中华人民共和国成立之前八十余年的时间里，我们确实发现了天柱域内宗祠有进一步发展的图景，新建宗祠22座，重建宗祠13座，使得天柱域内宗祠总数量进一步上升，现今能见到天柱域内之宗祠近百座，除极少数外，布局到该时期已基本定格。因而我们说，咸同兵燹之后到中华人民共和国成立之前这一段时间里，是天柱宗祠修建、重修的高潮。

其三，第二次重建、修葺时期，这主要发生在自上世纪八十年代以来的近三十年里。“文化大革命”十年，祠堂作为“四旧”，是破除之对象。因而，在“文化大革命”时期，宗祠作为村中醒目的建筑，常常为诸多宣传口号贴身，亦作为公共空间（小学、夜校、公社）为民众所使用，再无“宗祠乃禁地”之说，更有甚者，诸多祠堂被砸烂（存残垣）。自“文化大革命”后，多数宗祠再无人经管而破败（见附表）。令人欣慰的是，自上个世纪八十年代以来，天柱域内逐渐兴起的修族

瓮洞镇大段蒋氏宗祠

谱热，引发了族众对公共祭祀空间的诉求。因而，在旧有宗祠地基或者残垣的基础上，又兴起了对宗祠的修葺甚至重建浪潮。据我们田野作业资料显示，自上个世纪八十年代以来天柱域内已经有近20座宗祠进行了修葺，而且修葺之后，业已有族人管理。从调查之地民众的谈话中我们有理由相信，这一宗祠修葺、重建之风将会继续持续下去。

三、天柱宗祠的分布

现在，走进天柱，无论是县城还是乡镇，都能见到风火白墙围绕的宗祠（俗称窨子屋），成为天柱宗族文化很重要的组成部分，也是天柱作为“名片”不可或缺的部分。以坌处镇三门塘刘氏宗祠为主的宗祠文化，亦引起了海内外游人、学者的浓厚兴趣。显然，作为研究清水江下游地区宗族或者文化的一个切入点，宗祠无疑备受世人瞩目。这里，我们首先对天柱域内的宗祠分布进行梳理。

在我们统计的104座宗祠中，遍及目前天柱行政区划的10镇6乡。其中凤城镇14座、邦洞镇8座、白市镇9座、蓝田镇6座、石洞镇3座、高酿镇7座、远口镇8座、瓮洞镇4座、社学乡8座、坪地镇4座、渡马乡10座、江东乡2座、坌处镇11座、竹林乡

天柱县宗祠分布图

（天柱县旅游局龚农兵提供）

5座、注溪乡1座、地湖乡4座。形成了较大规模的宗祠群，我们把今天所能见者，分为清水江下游沿岸和润松—凤城—社学—渡马一线两大宗祠群。

清水江下游沿岸宗祠群，这一沿岸集中了现存天柱域内的宗祠精华，有以杨氏先祠、新舟舒氏宗祠、吴氏先祠、宋氏先祠为精粹的白市宗祠群，有以远口吴氏宗祠为主体的远口宗祠群，有最负盛名的以三门塘刘氏宗祠为主的坌处宗祠群。这些宗祠不但建筑年代久远且保存完整，极富观光、研究价值。海内外游人、学者观摩天柱域内宗祠，也以这一线为主。

润松—凤城—社学—渡马宗祠群，就统计数量而言，这一线最为繁多，也是天柱域内宗祠最为集中的地方之一。现以凤城袁氏宗祠，社学何氏宗祠、伍氏宗祠，渡马杨氏宗祠、陈氏宗祠最为完整。这些构造完整的宗祠，得益于近年来的修葺。不过相较而言，清水江下游沿岸宗祠群显然比这里的宗祠群更具魅力。

其余各乡镇虽有分布，颇有名声或者说构造完整者已寥寥无几，只有邦洞上高野郑氏宗祠、竹林高坡潘氏家祠、竹林地坌彭氏家祠比较可观。

坌处镇三门塘古建筑群之三门溪

四、天柱宗祠的人文类型

由于天柱地区各个宗族迁徙的时间、繁衍的程度和生活居住的范围有很大差异，他们所建造的宗祠不仅在规模、形制、大小等方面有显著不同，而且宗祠类型也有所不同。天柱宗祠可分为总祠、宗祠、支祠等。

总祠是指由一定区域内相互之间有共同始祖的宗族联合建成的宗祠，一般建在始迁地。有些宗族如果发展得很大，还建立同姓的宗祠或支祠。这种情况在天柱域内较常见。如远口吴氏总祠；社学乡田心寨王氏宗祠，又称王氏龙塘总祠；凤城镇雷寨欧阳氏总祠；渡马乡桥坪村罗氏总祠，是湘黔川罗氏宗族的总祠，也是天柱域内现存涉及族众跨省份最多的祠堂之一；蓝田镇杞寨村八甲杨氏总祠；渡马龙盘周氏宗祠等。

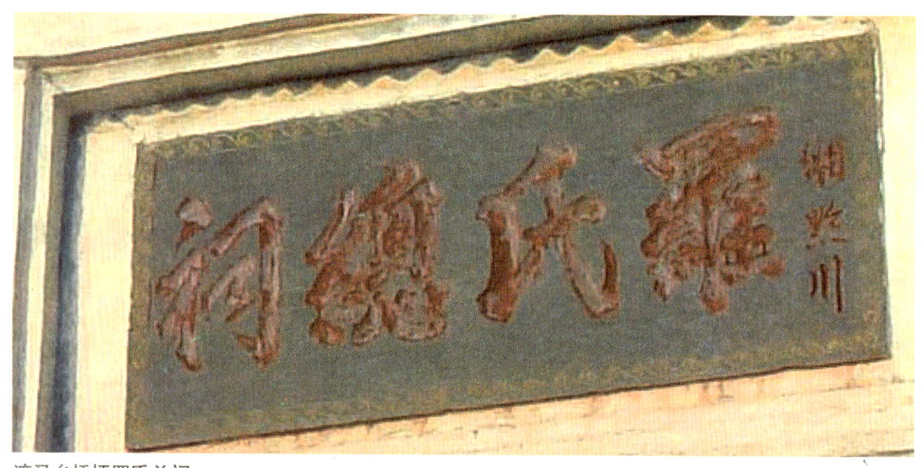

渡马乡桥坪罗氏总祠

远口吴氏总祠

宗祠是指某一姓氏宗族在某一村落定居繁衍发展到一定规模，成为单姓或主姓村落后，由族众共同建立的祠堂。这类宗祠在天柱域内数量较多。

支祠是指由一定区域内相互之间有共同始祖的宗族分别建立的宗祠，有些是兄弟从祖籍地迁来后又分居在邻近的地方，有些是迁居天柱后经过一段时间，其中一支迁居到另一地方。这类宗祠在天柱域内也有一定数量。

第三章 天柱宗祠的社会功能

MINJIAN JIYI YU
LISHI CHUANCHENG

第一节　敬宗收族功能

一、祭祀：祠堂中最隆重的仪式

宗祠中举行的最隆重的仪式是对祖先的祭祀。而祠堂即是宗族祭祀祖先的场所，是宗族的标志和聚宗合族的象征，祭祀是宗祠最基本的功能。祭祖源于祖先崇拜，是形成家族凝聚力的精神支柱。祖先崇拜的思想渗透到祠堂建筑的门楼、楹联、匾额、绘画、雕塑，以及祭祀制度、宗祠条规等方面。作为祭告祖先的场所，祠堂最能体现“报本返始之心，尊祖敬宗之意”。西方学者迈克尔·米特罗尔和雷因哈德·西德尔在《欧洲家庭史》中认为：“祖先崇拜通常在培养家系观念中起决定性作用”，“通过祖先崇拜，家系将活着的人和死去的人联系在一个共同体中”。[1]祭祖就是将活着的人和死去的人联系在一起，更重要的是活着的人因为祭祖而增强了凝聚力和向心力。

宗祠祭祀

[1]［奥］迈克尔·米特罗尔、雷因哈德·西德尔著，赵世玲译：《欧洲家庭史》，华夏出版社1987年版，第11页。

天柱大多数宗族每年举行春秋两祭，也有些宗族举行春祭或四时祭祀即每年春、夏、秋、冬各祭一次。此外，有的宗族还要在始祖的诞辰进行祭祀，称诞祭。祭祀具体时间无统一规定，多在民间传统节日，如清明、夏至、秋分、冬至进行。如遇有房族儿孙考中功名、晋升官爵、受朝廷的恩荣赏赐，官宦荣归故里、告老还乡等，也可开祠堂特祭。在祠祭日，合族成年男子都应与祭。即便散居到数十里、数百里以外，每年或两三年也须与祭一次。如清明节开祠祭祀后，讨论族中扫墓及坟山等事宜；六月六晾晒家谱也在祠堂中先祭祖宗，后翻晒家谱以防虫蛀霉变，同时让儿孙入祠读家谱，听长者讲家世源流；秋末冬至祭祖，主要由族中有德望之人讲家规、族训，化解族中矛盾，促进家族和睦相处。宗祠有强化宗族乃至民族文化认同心理的功能，以宗祠为中心在本宗族人中开展的纵向活动，主要是祭祖；而以宗祠为基本单位与远宗房所开展的横向活动，主要是联宗，这些祭祖联宗活动，所追求的实际上就是对同宗文化的认同，这些都对民族文化认同心理产生了有力刺激。1938年，由国民革命军110师师长晋升为第九集团军副司令的吴绍周，为天柱远口吴氏总祠书写“至德克昌”金字大匾。

各祠堂的祭祀虽有自己的固定仪式，但都大同小异。祭祀仪式由祠长或者族长主持。根据天柱《陶氏族谱》的记载，祭祀人员主要有：承祀孙或称主祭孙一人，一般是嫡系长子长孙，但有功名官职者即使非长房长孙也有可能为主祭；陪祭孙二人及与祭孙或称众祭孙多人；通赞一人，为祭祀主持；引赞二人，为仪式副主持；另外，还有司帛、司爵、司樽、司祝、司盥洗、司馔、司燎、司福胙等各类分工人员。

吴绍周为天柱远口吴氏总祠的题字

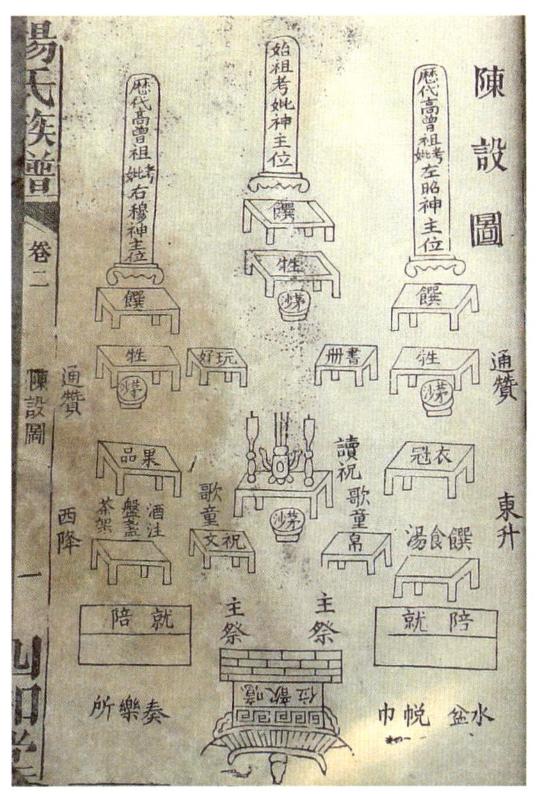

杨氏族谱陈设图

关于祭堂的陈设，根据天柱《陶氏族谱》的记载，祭堂正中为正享位，也即始祖考、妣之神位，正享位两边按左昭右穆的顺序，分设历代高曾祖考、妣昭穆神位。神位前为一到两排供案，用以陈设猪、鸡、羊等牺牲以及果品、玩好等祭品。供案前为香案，上燃香、烛，这是读祝文的地方，歌童或通赞、引赞等分列于香案两边。香案前设有茅沙。[1]主祭孙立于香案前，陪祭孙与众祭孙列于主祭孙之后。

祭祀之前要先发榜文，通知宗族成员参与祭祖活动。如粟氏榜文范例：

时维仲春（冬），雨露既濡（霜露既降），追远感时，情怀报本，谨卜次月之（某）日有事于宗庙。我族子孙各宜前期斋戒，不饮酒，不茹荤，不处内，不与凶

[1] 在一个长方形木盘里面铺上细沙，沙上面放一束茅草。祭祀时，把酒倾倒于茅草上，象征酒经过茅草和细沙过滤后由祖先享用。这是中国春秋时代楚国盛行的一种祭祀仪式。

秽。届期同宿公所，黎明举祭。编定执事，务须虔诚办理。拜跪行列，不得参差，以致亵慢，各宜恪遵毋忽。

计开

主献（族长名）；与祭众孙；拂拭；陈设；香案；宣祝；通赞；引赞；司罇；司爵；捧帛；执事。

年　月　日

榜贴宗祠门首通知[1]

各个宗族的祭祀礼仪虽然各有特色，但一般都要包括迎神、参神、献礼、侑食礼、饮福受胙、辞神六个步骤。

一、迎神。鸣炮，次击鼓、鸣金、奏乐，乐止。主祭孙、陪祭孙盥手，诣寝室迎取事先用红纸写好的祖宗牌位。跪，上香，俯伏，引赞北面读告词。其词为：

嗣孙某等今以仲春月（秋书仲秋，冬书仲冬，诞祭书春正）日有事于显祖考妣前，敢请尊灵降诸神位，出就正寝，恭伸奠献。

伏兴四，平身，唱降神歌。鼓乐前导，主祭孙、陪祭孙奉祖宗牌位于中堂。

二、参神。主祭孙诣始祖考妣前行参神礼，跪，伏，兴，平身，复位。二名陪祭孙分别诣东配位（左昭祖位）祖考妣、西配位（右穆祖位）祖考妣前行参神礼。然后主祭孙诣香案前上香，酹酒（将酒倒入茅沙），伏，兴，平身，复位，唱参神歌。

三、献礼。献礼重复三次，分别称初献礼、亚献礼、终献礼。初献礼由主祭孙诣始祖考妣前跪，众孙跪，祭酒（倒少许于地），献帛，进爵，奠酒，献馔，献箸。伏，兴，平身。诣香案前跪，众跪，读祝文（祭文）。然后二位陪祭孙分诣左昭右穆祖考妣前行初献礼。初献礼毕，要唱初献歌。同样，依次举行亚献礼、终献礼，有相应的亚献歌、终献歌。

四、侑食礼。主祭孙诣始祖考妣前跪，众跪，由引赞代斟酒，陈餐，献箸，献馔、正箸，侑食，点馔（给每个饭碗里加少许菜），伏，兴，平身。然后二位陪祭孙诣左昭右穆祖考妣前以同样的仪式行侑食礼。侑食礼之后，还要行献茶礼。

五、饮福受胙。主祭孙、陪祭孙诣饮福受胙位即香案前，跪，引赞取祖宗前酒授主祭孙、陪祭孙，祭酒（倒少许于地），读颂辞，啐酒（略尝少许），受胙（引

[1] 天柱《粟氏族谱》卷一，无刻印时间。

赞取祖宗前饭授主祭孙、陪祭孙以代胙肉，亦尝少许），伏，兴，平身，复位。

六、辞神。主祭孙诣始祖考妣前行辞神礼，跪，伏兴二，平身，复位。陪祭孙以同样方式诣左昭右穆祖考妣前行辞神礼。然后捧祝文、帛等于燎所焚化。唱辞神歌。跪，伏兴四，平身，礼毕。

仪式中的祝文（祭文）及降神歌、参神歌、初献歌、亚献歌、终献歌、辞神歌等，其内容大多是追述祖德宗功，表达对祖先的崇敬和感恩情怀，以及希望祖宗保佑家族兴旺发达等。

冬至祀祖仪式颇为隆重，现撮录罗氏宗祠《冬至祀祖简仪十条》祭祀仪式如下：

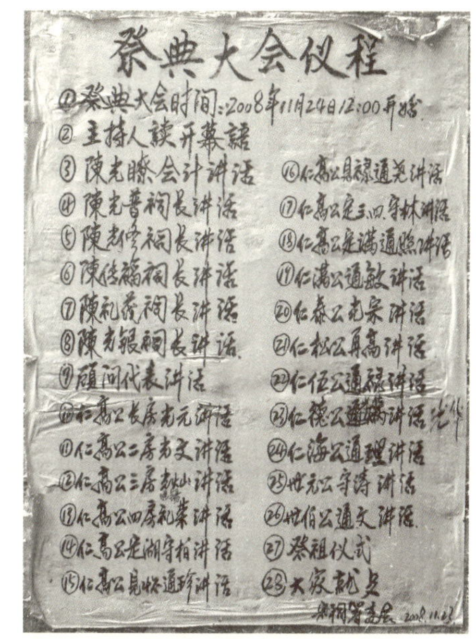

渡马乡龙盘腊树脚陈氏宗祠祭典大会议程

一、宗旨。祭祀以诚敬为主，祖宗难远，当思如在其上，如在其左右，毋得玩忽不恭，及喧哗嘈杂。

二、主祭。本祭逐年举定董事二名充当主祭、经理。祭费收支按照清单开载。礼物及应用器具预备完全，先期投宿宗祠，以时举事。

三、号炮。号炮所以约齐人心，内分前三炮、后三炮。前一炮注定祭日黎明时分，凡我与祭嗣孙听炮即起，洗面肃整衣冠。二炮齐临宗祠。三炮举行祭祀。祭毕，开点心，暂停。后一炮通请阖族，除主祭与祭者，以及执事人外，按户可来一名，闻炮，务各相约。二炮，均要毕集。三炮，入席就坐，倘逾三炮不至者，饮食不留。

四、营办。营办之事，除豕羊而外，鸡鱼为首，肴馔次之，粢盛、果品、时物又次之。祭共五席，每席各一贵有热气，不得营办多时，以致寒冷如冰，不成敬意。

五、陈设。祭祀不外乎陈设。陈设之仪物，器具尤宜精洁全备，不可或缺，乃昭诚敬。陈设之位序，中始祖，左昭右穆，东向西向，共五位，各一大席，前文公位，则一果品馔食焉。

六、坐次。每祭会集，阖族约十馀席，摆设外进三间，以中间内两席为正席，左右两间为傍席。必以辈尊年高一族者举坐正席上位，馀则依次而坐。当已坐定，各安各席，不得擅离本位，掺入他席，以致失仪。违者主祭得请上位尊辈者当祖前教训之。

七、宴饮。酒以合欢，非不可饮，但不宜过量，以至于乱。每祭，按席给酒十件，以高扯低，庶无不有酒。后猜拳，当听正席上位者先开拳，各席方可后随，以明长幼之礼。席上尤贵谦恭，不得于矜狂傲慢。违者得由主祭请尊辈责之。

八、接待。接待所以尽主客之礼。宗族在远，虽属叔侄昆弟，未易得时常往来。祀祖一会，情犹客也。主祭等宜于冬至先期早临宗祠，预备接待。一切得由提祠中公费款待远来宗族一宿两膳。至冬至次日，有私待者，听其自便。

九、言语。言语须切忠孝友悌及家庭教育一切。其有外事并旧日挟嫌情节，与乎淫词戏语，席前概不准谈及，违者族众得面斥之。

十、解散。各席起立后即行解散。为主祭者收拾器具，送还原处，勿令损失。所有收支账目，除列单贴出，俾阖族周知外，相应面结清楚，不得退有后言。

以上十条言简意赅，凡我族人，世当遵守，不得视为具文，是所厚望也。[1]

通过祠堂仪式活动，特别是通过祭祖强调家族内部上下尊卑伦序，宣传了以孝悌忠信为核心的伦理道德。这样的仪式使得家族成员从幼年起，长幼之序、孝悌之礼等礼仪就在心中扎下了根，从而强化了家族内部的凝聚力和向心力。诚如象征人类学代表人物克利福德·格尔茨（Clifford Geertz）认为的那样："通过某种仪式形式，动机与情绪及关于存在的一般观念才是相互满足和补充的。通过仪式，生存的世界和想象的世界借助于一组象征形式而融合起来，变为同一世界，而构成了一个民族的精神意思。"[2]

二、族谱：宗祠中最重要的文本

（一）族谱的编修

族谱作为另一传承家族文化的重要表征物，不仅能说明世系，还是家族记忆的文本，而且"民众历史感的要求，借助于修谱表达出来"。[3]因此，修谱和及时续

[1]《罗氏宗祠记·冬至祀祖简仪十条》，民国三十三年抄本。
[2]转引自郭于华：《仪式与社会变迁》，社会科学文献出版社2000年，第2页。
[3]冯尔康：《18世纪以来中国家族的现代转向》，上海人民出版社2005年，第355页。

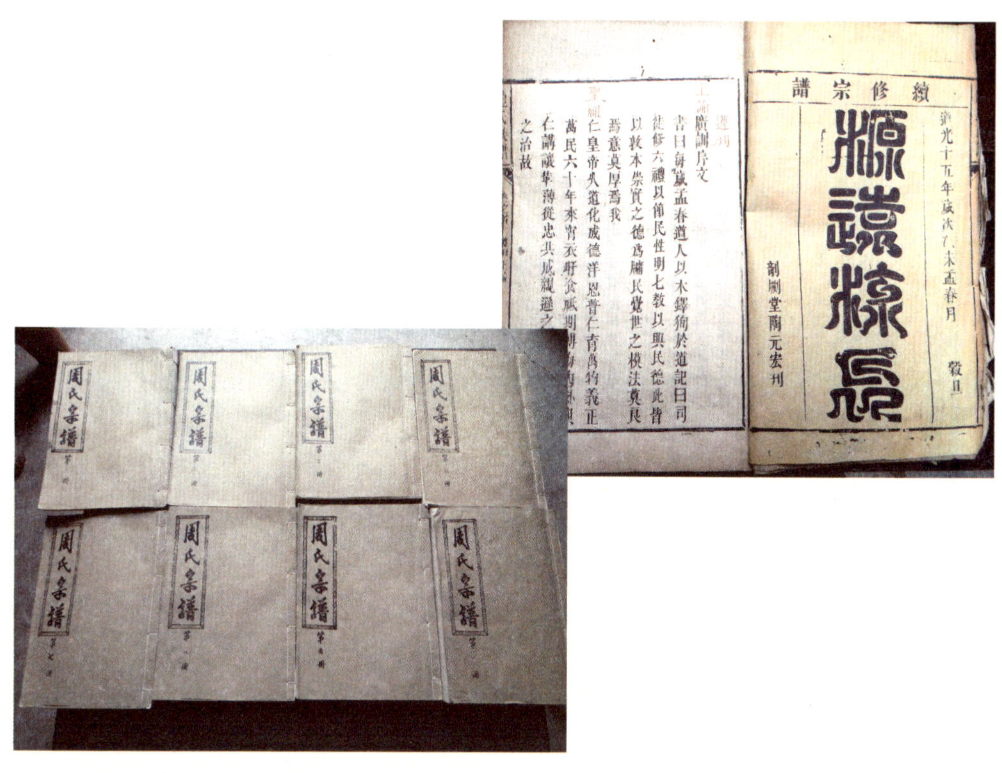

修是十分必要的。

明清以来，天柱宗族把修撰族谱作为后代子孙的一种义务写进族规，以保证族谱续修的相沿不断。

修谱是宗族中最盛大的活动，大型族谱的编修，首先是组织修谱董事会，其次是筹措资金，再次是收集整理资料进行编纂。修谱董事会，或称谱局，即族谱修纂委员会。董事会由族长及各房派的房长组成。修谱董事会成立后，开始具体分工。

士绅在族谱编修中发挥了重要作用。族中贤能者在修谱中各尽所能，缙绅名列主修，族长、房长在修谱董事会发挥作用，读书人中之干练有能者执掌修谱的具体工作，所谓“贤者在位，能者在职”，修谱犹然。

筹集修谱经费的途径：一是从族产的收入中拨出一定数量作为修谱经费；二是按宗族人口摊派；三是自愿捐献，为首倡捐，举族应倡，有力者多捐。

族谱资料的来源：一是前代遗留下来的旧谱资料或口述资料，后代历次裔孙重修族谱，便根据这种旧资料扩充而成；二是修谱董事会向族人征集调查。

修谱的目的在于总一族之人，收一族之心。同一血缘系统的族人均录入谱中，但详略有别。因为光宗耀祖、彰显宗族势力也是修谱的一个重要目的。

族谱纂修稿竣工之后，若是印刷，就要分发给各房及有关族人保存。族谱分交给各房及有关人员掌管后，许多家族还规定族人应时常拜阅，以敦教化，增进尊亲睦族观念。

宗族对族谱的收藏、保管有严格的要求，一般将族谱收藏在专门制作的木匣里。族谱是宗族的秘籍，不得私自借给外人翻阅，更不准借给外人抄录。

（二）族谱的构成

就一般情况而言，体例格式比较完备的族谱，要具备序言、凡例、源流、世系、人物、科第录、规范、文献、祠墓等。

序言又称谱序，是每部族谱都不可缺少的内容，包括本族人和邀请外族人写的序。谱序的内容一般包括修谱缘由、修谱经过、家族源流以及谱学理论等。随着族谱修撰次数的增多，序跋也在不断增多，故一些大族的族谱在历经数次修撰之后，序跋多达十余篇甚至数十篇。

凡例又称谱例，主要说明族谱的编修原则。与凡例相辅相成的是谱论，谱论一般摘录前代名人学士谈论谱学的简要语录，甚至还把皇帝的诏令载入谱中，作为谱论告诫族人。

源流主要考述本姓来源、本族的历史源流，以及始祖和世派的分支迁徙情况。

世系是各宗族血缘传继的直接表述，是族谱的主要内容，记载从一世祖开始到修谱时止，宗族所有成员的姓氏名号、生卒年月、简历、妻室子女以及葬地封赠等。

人物传略包括行状、墓志铭、神道碑以及年谱等。族谱对于入传的选择，基本上是遵循“扬善隐恶”的原则；有些族谱因一族人功业显著，光宗耀祖，所撰的传记冗长。

科第录系族人历代登科名录，有的还记载登科者的简要业绩及著述等。

规范包括家礼、排行、族规等。家礼主要记载家族内的祭祖礼仪；排行又称字辈谱、行第谱，是标明宗族世系人名的排行用字；族规是宗族制定的约束和教化族人的家族法规。族规的名称很多，如家法、家约、族约、条规、祠规、禁约、规范等。族规的内容十分庞杂，除强调敬宗收族外，其他如财产继承、婚姻纠纷、禁盗禁赌、山林管理等。

文献即族人所撰或与家族有关的各种体裁的诗文；皇帝和官员对家族成员的封赠，称恩荣录，有诰勅、赐谕、公文等；族产契约，包括祀田、坟山、山林、义庄、庙产、房屋、店铺等，是家族赖以运转的经济支柱，族谱记载族产的数量、买卖情况、管理规则、收支账目以及经营租佃等。

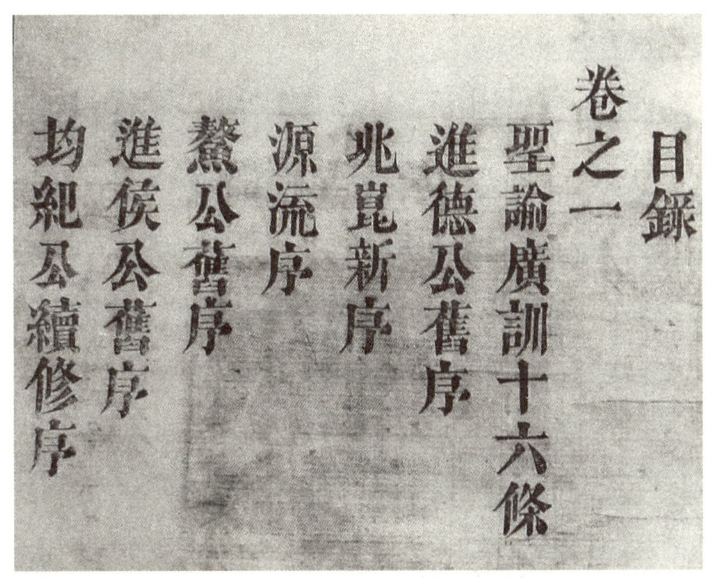
目錄
卷之一
聖諭廣訓十六條
進德公舊序
兆崑新序
源流序
鰲公舊序
進侯公舊序
均紀公續修序

民国六年《袁氏族谱》目录

祠墓主要包括祠堂和坟墓，是宗族进行敬宗收族的主要场所。族谱对于祠堂、坟墓的修建历史、建筑规模、地理位置等都有或详或略的记载，甚至配图说明。有的宗族每新建或者重修一次祠堂，往往由族人或请外姓名人撰写祠堂志。因此，有的族谱中的祠堂志之类不下十余篇。与祠堂相比，记载坟墓的文字较少。有些族谱在记载坟茔时，或配以地图，注明四至界限，称为“墓图”等。

天柱的族谱基本上涵盖了上述内容，只是有些表述略有不同。以《袁氏族谱》为例，族谱的构成包括两卷内容，卷之一有：圣谕广训十六条、进德公旧序、兆昆新序、源流序、进侯公旧序、均纪公续修序、进誉公三修叙、鹏凌公源流叙、玉润公续修谱祠叙、吴见举新赠叙、梁克标新赠诗、兆昆修谱诗、杨显勋新赠诗、支谱叙、坟墓志、族谱凡例（二十七条）、家规条约（二十八条）、家训格言（八条）、时祭仪、预告榜文、祝文式（又祭祠祝文）、祠基原由、家祠契约、五服图、现公墓赋、现公墓赞、赵□蚁塚赋、天柱宗祠、地旺宗祠、现公坟图、赵□坟图、隆公坟图、碧雅总图、执谱字号、首事名字；卷之二有：邦舟伞溪总图、调鱼洞总图、仁叟公图、再贵公图、仕榜公图、各房图形、各处禁约、清白原由坟山、开辟始初、历朝往哲、历代世系。[1]

[1] 详见《袁氏族谱·目录》，民国六年谱刻本。

坌处镇三门塘刘氏宗祠

以《蒋氏族谱》为例，族谱的构成包括以下内容：原序、远祖序、续修序、四次续修序、四次修谱序、续修合谱序、字派合订并志、族规二十六条、圣谕十六条、源流世系、黔阳安江始祖、天柱闭寨始祖、天柱大段始祖、记号登载、大段公系长房五代图、顺稳公派下从“景”字以下五代世系、通一公派下顺亩公从“景”字以下五代世系、通一公派下顺八公从“景”字以下五代世系、通一公派下顺八公从“昌”字以下五代世系、顺八公派下至开公五代世系、通一公派下荣裕公以下九代世系、三大房族公地（阴地）、三大房族公地（阳地）、祠堂记、拟大段八景、谱牒总则、先年壬午岁一次创修谱首、甲寅年二次续修兼理谱首、壬子年三次续修兼理谱首、丁卯年四次修谱兼理谱首、附收谱记、怀感篇、安江故乡简图、大段总地图、聚溪下炉坪仙人撒纲形图、雷公冲凤形图、木孔坡龙形凤形图、架上金盆形图、长堎坡阴地图、躲马冲虎形图、茅坪头人形旗子形坟山图、黄毛堎丹凤衔耆图、身娘祖阳宅阴地合图、粘禾堎阳宅阴地图、銮塘阳宅图、分水坳龙形图、祖脚冲头龙形图、盘坡大秧田坎脚阴地图和后记，共计49项。[1]

[1] 详见《蒋氏族谱·目录》，1987年第四次重修印刷本。

（三）族谱中的移民叙事

1. 明代卫所屯军

天柱《郑氏族谱》记载，其入黔始祖为郑保。郑保原籍福建，奉明太祖命征剿，多功，抚镇屏溪，袭封七代。子二：长子世居屏溪，次子徙居南楚贡溪，生亚绪亚禄，复迁柱邑（天柱县）四图里上高也。日后人文鼎盛，户口日增，其子孙便又分居邛邑（三穗县）等处。[1]

2. 民间移民垦荒

天柱罗氏始迁祖为快良，原居吉安府吉水县螺系巷，夫人马氏。其谱序记载：良公旷观宇宙，遍阅列国，闻得湖南黔境地腴烟稀，指手安界，插表管业。于是与妻商量：唯离江西梓里，水行乘舡，山行乘辇，择地而迁焉。来自永乐二年，先落业靖州天柱下寨，后徙波洲、晃州、长茅岭、侯家湾、九牙、楞寨等处。斯时也，树林荫翳，罕有烟村。熊罴异梦，嵩岳降灵，产生一子。夫人马氏临盆之际，渴

---

[1] 乾隆《玉屏县志》卷六武统：郑保，福州府人，明初指挥，七代世袭。郑保—郑杞—郑澧—郑举—郑官—郑国佐—郑之屏—郑大镒（之屏子，千户）；郑大铨（掌印指挥）。

思井水，闻得田鸡声，因对快良说：此鸟居水边，尔往观之。经过荒田三坵，果有井泉，因名其子为三田保。戒子孙不食田鸡，怀其德也。三田保便为罗氏入黔一世祖。

天柱润松杨氏开基始祖为政道、政遵，原居湖南会同。元末，政道、政遵兄弟二人牵一白色水牛往黔迁徙，对天祝告："系是吾开辟之地，牛即睡于其中。"后行至天柱城西润松，牛睡其中，连打不起，遂落业润松。润松原名古木塘，因村前有一古井，上有大松一株而得名。村人因修建龙井石祠，撰写对联："龙泉浪涌千家润，凤诏恩拈万古松。"遂改名润松。

天柱楞寨杨姓始祖为天保。天保之父杨康，于元末明初由江西吉安府泰和县徙居湖南靖州飞山，又迁古州（今贵州榕江县）八万。生二子：天应、天保。父子由古州行至天柱兰田楞寨，是时正值盛夏，烈焰当空。弟曰：渴甚，非天莫保。兄曰：天若有情，祈之必应。乃执杖凿地，清泉涌出，遂解兄弟之渴。故兄名天应，弟名天保。至今楞寨天应井尚存。天保留居楞寨。天应应湘西吴氏先祖吴世万邀请迁往新晃中寨，成为新晃县杨氏宗祖。[1]

3. 商业移民

天柱《龙氏六公宗谱》记载，其始祖龙公讳腾汉字升云，原籍江西吉安府太和县东关人氏。明洪武年间，因商入黔抵清水江头，见山川秀丽，风俗淳朴，系前朝先人（指龙氏"五大公"之宗旺公[2]）调升镇守之地，遗泽犹存，遂定居于清水江头柳富寨（今属剑河县）。由于久居"夷地"，习俗所染，"变汉语而侏离，易冠裳而左衽"，其子孙遂化为苗族或侗族。腾汉公生九子，散居于天柱、锦屏、三穗等县。其中第八子再谊公字君道，徙居天柱富虫寨，为天柱高酿镇上花村等处龙

[1] 据杨德润编《天柱杨氏族谱》记载，新晃吴姓始祖吴世万于明朝初年迁入湖南新晃西溪，之前有姚、谢、龙三姓居住。此地土地肥沃，林荫草茂。奈寒暑失序，云雾不开，人民多疾，种植难成。四姓苦之，乃立庙宇以祭祀。二月祀神农之神；六月祀白帝之神；岁首祀飞山之神。因精诚所感，故神灵赐梦曰：若得云雾开，须待杨姓来。于是四姓商量，于明永乐三年邀杨天应至紫云（今湖南新晃中寨）居住。而天柱远口《吴氏宗谱》载：吴世万原籍江西南昌府丰城县十字街朱石巷，后徙居靖州诸葛城会同远口，遂家焉。一日于新晃西溪游猎，沿溪而上百余里，有深山旷野尚未开辟。然而云沉雾结，人民不利，五谷不生，夜梦神人告曰："欲求云雾开，须得天应来。"万公曰："天应者，吾之外甥也。"是日，万公回至靖州飞山脚下，取得杨姓之子天应前来，至新龙寨，睹此山明水秀，无不交欢，羡曰："得其所哉，吾土地也"凿井而耕。世万有十二孙，分居于既散而又易于联系的新晃平溪河和西溪河上的新寨乡龙寨、凉伞、黄雷乡偏洞、扶罗乡克寨、云溪、贡溪、李树乡坪地、晏家、禾滩乡岑贡（老黄寨）、碧朗乡坡寨（火烧寨）、橙寨乡花垣、洞坪乡柳寨。迄今二十余世，其后裔约8万人，分散居住在西湖、黔、川、滇、桂等省。自明代迄今，吴姓为新晃县唯一的大姓和望族。

[2] 天柱《龙氏六公宗谱》记述龙腾汉为龙宗旺13世孙。然龙腾汉于明洪武年间始由江西迁入黔地，而龙宗旺于北宋时就已迁入湘黔边界。今湘黔苗侗龙姓俱称为"五大公"之后，自然龙腾汉也要归到一个公之下。不管"五大公"的历史真实性如何，他的重要作用体现在作为湘黔苗侗龙氏联宗的始祖符号。

姓一世祖，至今已繁衍约5000人。再谊公生2子：正忠、正恕。长房正忠生3子：通夫、通士、通贤；次房正恕生3子：通常、通经、通权。这便是天柱高酿龙氏六公堂的起源。由于长房后裔在明末投靠姚提督军门，屡次立功，蒙赏冠带，遂改为姚姓，于是遂有伯仲氏之分。长房正忠称伯氏，其后裔有姓姚，也有复为龙姓者。次房正恕称仲氏，后裔皆为龙姓。明万历二十一年（1593），富虫寨“苗酋”龙傅良曾挟持汉民为人质，要求建县，二十五年（1597）朝廷批准天柱守御千户所改所建县。

4. 躲避政治迫害或逃难

天柱八甲[1]《杨氏族谱》记载，八甲杨氏为隋文帝杨坚长子杨勇之后。宋朝时有杨邠，与平章左右兼理朝政，为政专务苛细。后以过于专恣，被皇帝所杀。族人子弟为避免被灭族，潜身远隐。邠子葵，易杨姓为钱姓，埋迹武陵之青鱼湾，扁舟垂钓。延至元代，复还原姓。祖籍江南应天府凤翔县人，家住剑阁楼前猪市巷。葵生砺，砺生发，发生再琳，再琳生子魁。魁生四子：拔章、洞天、天平、虎威，由湖南靖州飞山脚移居天柱邦洞中高野、岩脚寨居住。明洪熙元年（1425）于黔省聚坳会劈古器分与4子。长房拔章始居下高野；二房洞天始居蓝田黄家寨；三房天平始居杞寨；四房迁湖南芷江四路铜鼓寨。

湘黔边吴氏入黔始祖吴盛原籍江西卢陵（今吉安）县安塘三里，南宋理宗时任大理寺丞，以言事忤权贵，遂弃官避地湖广靖州会同县远口（即今天柱县远口）居住。据其宗谱《吴盛传》所记，吴盛任南宋大理寺丞时，得罪奸臣贾似道，遂弃官回江西吉安县原籍。南宋淳佑年间，吴盛为避贾似道寻衅迫害，携妻彭氏、子八郎等，举家西迁，进入苗疆，在荆湖北路靖州会同县远口（今隶贵州省天柱县）安家落户，置田200余顷，载税粮600余石，世称“吴半州”。迄今已繁衍三十余世，人口20余万，分散居住在黔东南、湘西、桂北、四川等地。远口镇、地湖乡吴姓最集中，为黔湘桂边境数十县吴姓的发祥地。[2]

---

[1] 由于天柱杨姓人口太多，存在同姓通婚的客观需要。天柱有“杨家杨半边，杨家不结亲，有一半人要打单身”之说。于是，杨姓便按地域先后分为十甲，从而杨姓内部通婚，论甲不论姓。参见杨德润编《天柱杨氏族谱》，2002年内部印刷本。

[2] 天柱远口《吴氏族谱》，2004年内部印刷本。

第二节 社会控制功能

一、族规的制定与修改

族规是宗祠规范的一项重要内容，它既是一种文化现象，更是一种调节手段和机制，用于调整和规范族人的生活和行为。为了维护祠堂的神圣和庄严，祠堂都有一定的管理规则，称为族规或家规，有的也称为祠规，也有宗族将族规和祠规合而为一的。各宗姓根据朝廷的谕旨、条规和地方官府的要求，结合本族实际制定并修改族规。在缺乏法制治理的传统社会，族规往往起到法律的作用。族规的制订程序

木栏围护石板铺墁的石走廊

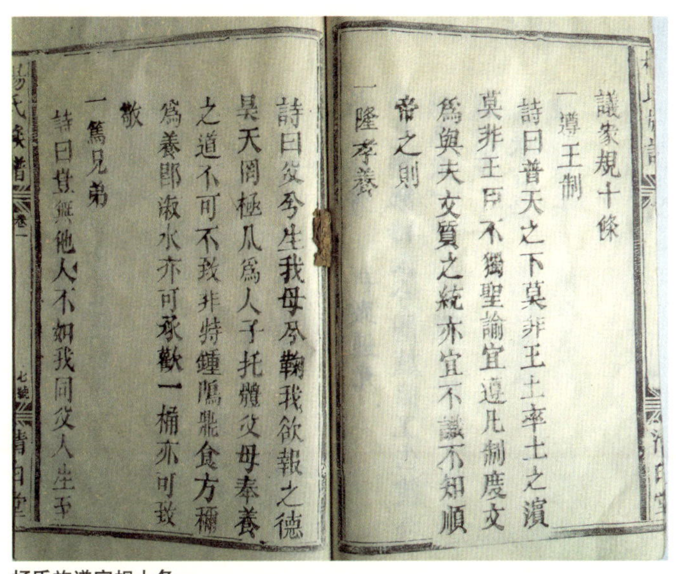
議家規十條
一遵王制
詩曰普天之下莫非王土率土之濱莫非王臣不獨聖諭宜遵凡制度文爲與夫文質之純亦宜不識不知順帝之則
一隆孝養
詩曰父兮生我母兮鞠我欲報之德昊天罔極凡爲人子托體父母奉養之道不可不致非特鍾鳴鼎食方稱爲養即菽水亦可承歡一椀亦可致敬
一篤兄弟
詩曰豈無他人不如我同父人生[illegible]

杨氏族谱家规十条

往往先由宗祠管理人员提出草案，然后进行大会讨论、修改并表决通过，并刻于祠碑，载入宗谱，正所谓“国有国法，家有家规”。

族规一般牵涉到几方面的内容：第一，为本族人规定了带有很强的宗法礼制色彩的伦理准则和道德行为规范，并伴以相应的惩戒手段；第二，制定对异族的防范措施，借以维护本族的利益和团结；第三，对宗祠地位本身的确认，族人对祠堂应承担的义务及权限范围等。

由于传统宗祠在宗族生活中的重要地位，因此它的日常管理非常严格，有些宗族甚至明文规定“祠规”以共同遵守。其中对于进出宗祠及举行祭拜仪式，都有一套很完备的管理规定。一些强宗大族还要专设祠堂司事来负责祠堂的日常管理。如白市杨氏宗族规定：“祠内招住祠一人，负责供奉香灯，洒扫庭院整理清洁，保管祠内财产，管理好文物，祠宇不受损失。否则，追究其责任。”“祠堂应设定春秋二祭，今后也可一年一次，最少也要二年一次，由祠委会择定日期召集各房族人筹备祭祀，凡与祭祀人众，务须虔诚致敬，谨慎治事，不得轻心任意。”[1]有的宗族还规定，族人损坏祠堂物件必须赔偿公罚，妇女儿童不得随意入祠，族人盖房不得有碍祠堂风水等，尤其是一些有损于宗族道德的行为。要“树新风，坚决反对吸

[1]《白市杨氏先祠祠规》，杨政伦主编：《白市杨氏先祠词谱》，2009年内部印刷本，第21页。

毒、贩毒、偷抢扒窃、打牌赌博，参加各种非法集会和其他邪教组织”[1]，这些皆是祠堂规定的禁条。

天柱田心寨《三槐堂王氏族谱》在重新编谱时，重录了老家规，1986年根据新形势，又编写了家规简译歌。老家规共十五条，即“先国赋”、“孝父母”、“和兄弟”、“训子孙”、“和夫妇”、“谨闺门”、“睦族党”、“慎媒娶”、“守勤俭”、“戒斗殴”、“戒争讼”、“积德行”、“禁非为”、“禁风水”、“宗师儒”[2]；家规简译歌共十二条，即“孝敬父母”、“处世为人”、“婚姻嫁娶”、“培育儿孙”、“勤俭持家”、“完粮纳税”、“友爱兄弟”、“义重夫妻”、“和睦少讼”、“尊敬师长”、“济困扶危”、“禁毁风水”[3]。

二、族谱中的社会行为规范

清朝雍正年间在西南地区实行大规模的改土归流，在今黔东南、黔南地区建立了流官政府“新疆六厅”，取代了黔东南苗族、侗族“无君长、不相统属”的自主自立的村寨自治状态。清水江中下游沿岸作为商贸与文化传播的走廊，在乾隆盛世强大的文治武功背景下，处于华夏边缘的苗族和侗族受汉文化的影响进一步加深。大部分天柱族谱始修于乾隆年间，体现了华夏边缘少数民族对儒家文化以及大一统国家的广泛认同。

天柱族谱中所载的家规、族规、族训或祠规等行为规范以“孝悌忠信”为核心，家法与国家法互为表里、相辅相成，成为维护封建统治秩序的重要手段。天柱族谱的家规主要是对个人与国家之间的关系、宗族内部关系、家庭内部关系、邻里关系以及个人修养等方面进行规范。

1. 个人与国家之间的关系

主要要求宗族成员忠诚履行上交皇粮国税的义务。天柱《袁氏族谱》说：“凡食王之毛，当输王之赋。赋能应期早完，不惟免追呼之扰，亦以昭忠爱之心。况兆民之职，在尽力南亩，以供国赋。我族伯叔兄弟，诚急公奉上，即囊橐无余，以安然快乐。”

2. 宗族内部关系

主要是宗族雍睦，宗族内部纠纷要优先由族长、祠长调解，不能擅自报官。天

[1]《族训》，杨政伦主编：《白市杨氏先祠词谱》，2009年内部印刷本，第22页。

[2]《老家规重录》，天柱田心寨《王氏族谱·训谕·总序》，2008年内部印刷本，第69~73页。

[3]《家规简译歌》，天柱田心寨《王氏族谱·训谕·总序》，2008年内部印刷本，第75~77页。

垒处镇三门塘刘氏宗祠

柱渡马《陈氏族谱》告诫族人，家族成员之间关系虽有亲疏远近之分，但都是一个祖宗发源，因而要和睦相处。家族成员之间的纠纷要首先由族长调解："我族兄弟叔侄宜敦雍睦，毋得以小故而伤大义。倘若有违理之事，只可伸鸣族长祠堂公处。若动相斗气，辄为兴讼，耗散家财，实致祖宗之怨恫。"

3. 家庭长幼关系

一是父慈。天柱渡马《陈氏族谱》认为，父母对子女要慈爱，不能偏爱、溺爱。偏爱会成为兄弟不和或子女不孝的恶因。"故为父者，不得有所偏私，致启后日滋端而伤天伦。"二是子孝，即子女要孝敬父母："故人子于得亲之时，固当承欢于膝下。设父母有不顺之处，一当起敬孝，下气怡颜，柔声以谏，慎毋佞口忤逆，自蹈不孝。"

4. 夫妻关系

天柱族谱中关于夫妻关系的规范充分体现了宋明理学的"三从四德、夫为妻纲"的思想。天柱《陈氏族谱》与《袁氏族谱》都有关于妇女行为的两条相同规定，一是肃闺门，二是慎婚姻。"肃闺门"规定："家室之内外有辨，道路之左右须分，无得托言大方，不自束敛。败常乱俗，多出女杂男混；玷祖亡家，半在男妇内淫外荡。非丧非祭，授受不亲，以别嫌疑。且妇人纵系贤能，止克内助，不得干预外事，擅出闺门以轻污，夫至重至洁焉。”“慎婚姻”规定：“夫妇人伦之始，闺门万化之原，故书称釐降，诗咏关雎，皆以明婚配之不苟也。于以知男婚女嫁，必须门户相当，无得趋权势，重货财，妄订婚姻。如或兄弟亡故，不许弟纳兄嫂，兄收弟妇。兄弟妯娌，骨肉至亲，尊卑不容紊。长嫂当娘，弟媳当妹，岂容紊乱。败坏伦常，莫此为甚。凡我族中，务宜谨之。”《陈氏族谱》还规定了“禁反葬”条款，即女子再嫁，不能返葬祖坟：“夫死从子，妇人大义。或不能守而再嫁，则已是他姓之母矣。勿论有子无子，殁后总不得反葬祖坟。”

《袁氏族谱》规定：“四十无子，方可娶妾。或家务繁冗，娶妾帮理，亦必择有根基人。盖今日为妾，恐他日为母。不得以奸为妾，有紊纲常。又不得宠妾而有乖风化。至于无子娶妾而妻不可不容。其妾有此，当告于族长。”《陈氏族谱》更是规定：“至于无子娶妾而妻不容，七出犯二，告于族长，弃之。”也就是丈夫因无子而娶妾而妻不能容忍，则通过族长，可以休妻。

5. 兄弟关系

《袁氏族谱》认为：“兄弟手足之谊，形分而气合者也。手足痿痺则不仁，兄弟参商则不孝。人未有不孝而能友，亦未有不友而可言孝者。惟兄念友弟，弟念恭兄。诗云：兄弟既翕，和乐且耽。无因小忿以伤同气，勿因妻言以乖天显。棠棣之章，各宜刻骨。当思世间最难得者兄弟。”《陈氏族谱》认为：“家庭之内，孝弟为先，而弟亦知其不可缓也。故随行隅坐，道固遗乎笃恭，而分甘服劳，情莫切于让。勿听谗言以乖骨肉，毋因小利而灭友恭。诗云：兄弟既翕，和乐且耽，则太和之气，酝酿一堂矣。且宜兄宜弟，而国人亦可以教矣，弟道可不知重哉。”

6. 邻里关系

在处理邻里关系时要以迁让为主，不能争强好胜，也不能斤斤计较，才能和睦相处。“ 亲族邻里，所居甚近，相与已久。凡牲畜之侵害，童仆之嚷斗，言语之有触忤，行事之有错误，其势必不能无者。惟在以心体心，彼此相容。不必详责于人，只须反求于己，方能久处。 若不忍小忿遽生嗔怒，或自恃财智必欲求胜，吾恐怨怨相报，终无了时，其势必不两存矣，可不戒哉。”

7. 个人修养与行为规范

《袁氏族谱》有如下规定：

一守耕读。田宜耕，书宜读，此是两条正路。居家本业而商贾技艺，亦属末务。至于胥役兵丁，是移人性情，坏人心术。族中子弟，纵极穷苦无聊，决不可轻入其中，故术不可不慎也。

宗祠庆典场景

一务勤俭。开财之源，不外一勤；节财之流，惟在一俭。勤俭两字，传家至宝。凡我族人，务要男耕女织，尽心竭力，朝夕不遑，量入为出。服物器具，质而勿华。是源日开，流日节，自然丰衣足食矣。

一严奸盗。奸盗邪淫，国之大禁也。盖奸为匪类之原，盗为害民之魁，邪为欺世之术，淫为万恶之首。四者一入，其中莫大之罪，即无所逃于天地。愿吾族人戒之凛之。

一戒赌博。打牌押宝，最是下流。家业由此而败，子弟由此而荡，甚至为贼为盗，俱从此起。故古人有诗云："为人百艺好随身，赌博场中莫去寻。能使英雄为下贱，改教富贵作饥贫。衣衾褴褛亲朋笑，田地消磨骨肉嗔。不信但看乡党内，眼前衰败几多人。"

一存廉耻。凡人立身，必先自重，而后人不敢轻苟。寡廉鲜耻，辱亦随之。人须有是廉耻之心，则能有所不为。倘其不顾廉耻，奔走卑污之途，大而灭理乱伦，小而偷鸡摸狗。种种恶端，无不为矣。其贻羞于族党，自玷于祖先。[1]

8. 其他规定

（1）戒溺女。《李氏族谱》规定："自有天地以来，乾道成男，坤道成女，此一阴一阳之道，则有男女而后有夫妇，有夫妇而后有父子，此自然之理也。世俗不明，生男则乐其生，生女必溺之死。岂知虎狼虽恶，尚不忍食其子，可以人而不如走兽乎。况当初溺女之际，口不能喊救，身不能避害，求生不得，求死不遽，此情尤为惨切，人亦何忍如此。吾今劝示族人，不可溺者有六，一则上帝好生，一则人命为大，一则自己赖父母之所生，一则男女皆自己之骨肉，一则生子亦娶人之女，一则女之孝敬偏深。为夫妇者，念此六者而救生之，其福寿自大而无疆矣。"

（2）过继承嗣须是同宗，随母异姓子不得改为同姓。《陈氏族谱》与《袁氏族谱》有相同规定："或不育无嗣，抑或有子夭亡，无不接继……凡我族人，或有接继，必择

[1] 天柱《袁氏族谱》，民国六年刻本。

本宗之子。”“有异姓随母同来者，势不得已。或三五载仍送归回，不得同母久处。毋许依派取名……恐年湮世远，成为本姓，以为两姓昭穆，紊乱宗祧，实属不可。”

三、族规的执行

在天柱，祠堂作为宗族的聚会之地，除祭祖功能之外，它还是各宗族用以议事、执法、励学、看戏的场所。因此，执行族规是宗祠的一项重要活动。族中大事如祭祖扫墓、修宗谱、建宗族建筑、祠产处置、族际纠纷等，都由族里尊长聚集商议，按本族族规做出决定，起着一个维系宗族内部稳定，强固宗法统治的作用。宗族有遵守和维护族规出色者，就在宗祠召开族人大会，当众予以表彰和奖励。族内有人有违反族规的各种“出轨”行为，如偷窃、赌博、为非作歹、非婚通奸等，就要在宗祠召开族人大会按族规商讨惩处办法，一经商定，就要在列祖列宗前宣布执行，称为“罚众”。如属罚款之类的经济处罚就罚钱、罚“犯人”备酒菜请父老及被害方吃，同时要求迅速交钱或兑现，无钱者则拍卖家产。执行族规最可怕的是带有刑罚类的惩罚，这类惩罚有诸如斥责训诫、曲膝罚跪、笞杖、经济制裁、革出祠堂、处以不孝等都是较残酷的，有很强的威慑作用。对于屡犯族规而又不改悔者，则给予开除族籍处分，甚至捉拿呈公究治。

天柱宗祠的文化功能

MINJIAN JIYI YU
LISHI CHUANCHENG

第一节　宗祠的建筑艺术

一、天柱宗祠的风水观

风水术是中华民族传统文化的一部分。“风水”二字出自郭璞《葬经》：“藏风聚气，得水为上，故谓之风水。”古人又称之为“堪舆”。许慎在《淮南子》注中曰：“堪，天道也；舆，地道也。”堪，指高处，即天道；舆，指低处，即地道。“堪舆术”总的来说是住宅、葬地择地、选址的一种方法。“堪舆术”对于宅地、葬地等的选择，是有其一定道理的。一般来说，人们选择的所谓“风水宝地”，肯定是一个物质条件与自然景观都极好的地方。它们大多能符合自然大气候，是古人长期生活经验的积累和智慧的结晶。一般而言，宗祠选址主要包括四个原则。觅龙：在风水学中，龙就是山脉，从原始人类开始，生活就离不开山，由此而产生对山的崇拜与信仰，所以在人类生存环境的选择中，首先要觅龙即寻山。寻山首先从山脉的出处开始，寻到山脉还要看山脉的运势，远观得势，近观得形，总的要求是群峰起伏、山势奔腾为好，一般认为这种山势为藏气之地。察砂：砂就是主山脉四周的小山。风水学又把这周围的山与象征地上前后左右四方位的神兽相联系，形成左青龙、右白虎、前朱雀、后玄武的环抱形态，这就是觅龙察砂的理想环境。观水：单是有龙砂环绕的环境还不够，重要的还要观察水的状况。观水就是看水口，所谓水口即这个环境的水的入口处与出口处，观水还要看水形。点穴：就是决定人住的阳宅和葬地阴宅的位置。

风水宝地示意图（来自于“艺术国际论坛”）

祠堂选址同时还受祠堂所在村落的朝向、布局、地势、环境和在村落中所处的位置所制约。祠堂是各村落最重要的空间节点，往往处在村落中的风水宝地。天柱人认为风水好的祠堂会使宗族繁荣昌盛；反之，宗族就会走向衰落。因此，天柱祠堂建筑布局极讲究“风水”原则，择地首先要勘察自然环境诸因素的外表形态，以判断是否“藏风聚气”。只有在“藏风聚气”之地建造祠堂，才能吸纳所谓龙脉之气，方能丁财两旺。天柱祠堂大多依其自然条件尽量争取背山而面水，周边民居多沿祠堂两侧依次展开。一般理想的模式是:枕山、环水、面屏。但是各个寨子的地形环境又各不相同，因此风水说所规定的理想情况有时也无法真正完全实现，于是风水的作用就体现在村落的选址，基地的完善，村落形态的修正与组织以及村中住宅的布局等方面。

竹林乡地坌村彭氏家祠风水图

建祠选址要考虑祠堂与村落的关系以及祠堂建筑本身的择位方向。天柱县位于云贵高原东缘，为苗岭山脉延伸部分之余脉，区域地貌为中低山丘陵河谷盆地，县境内山脉走向为北东向和北西向两组，与条形盆地、谷地相间出现，各乡镇都有高低各异的山峰。[1]从选址上说属于形局不全的情形，但各宗族在建祠选址上仍然深受风水观念的影响。当地祠堂的选址多为山环水绕、灵秀汇聚之地，可见宗族社会中祠堂的重要性。天柱竹林地坌彭氏便是选择“粮田地广畴平，山明水秀”之地建立宗祠，“门面朝峰，右有笔架，左立轿山，中现帽合，余峰如子孙侍立，形胜俱在”[2]。润松乐寨八甲杨氏宗祠“负北向南，群峰耸翠，所谓三拱山也。朗水环流，俨如玉带，山秀水明，足以当之”[3]。白市杨氏选择一块风水宝地，此地“右则团珠漂浮水面，左则石马蹲踞江头，前迎武曲波光接天，后托云山金星挂角，且舟舡蜂聚，渔火通宵，市肆比联，灯光达旦，山环玉笋，星聚银河，真物华天宝，虎啸龙吟”[4]。蒋氏之所以选择大段，是因为“大段之地，山形峻峭，自芷境蜿

[1] 详见《天柱县志》，贵州人民出版社1993年版，第70~71页。

[2] 天柱竹林地坌彭氏宗祠《祠堂记》碑刻所载。

[3] 天柱润松八甲杨氏宗祠《乐寨八甲家祠纪略》。

[4]《白市祠堂创建碑序》，杨政伦主编：《白市杨氏先祠词谱》，2009年内部印刷本，第25页。

蜒而来，诸山来朝，势若星拱，流水绕其下，茂林翳其侧，岂非天造地设”[1]，蒋氏宗祠便建在“祠后来龙猴子山，四面文峰苍翠，八方地脉钟灵，祠前溪水滢滢”[2]。通过这些来确定祠堂的朝向和布局，目的是要让全体族人相信，他们的祠堂具有最好的风水位置和超自然的力量，能够保佑其子孙兴旺、财运亨通。

二、天柱宗祠的建筑结构

宗祠是宗族的象征和荣耀，是家族规模和实力的表现，也是巩固血缘关系、强化族权、处理族内事务的场所。因此宗祠一般坐落在村落中风水最好的位置，建筑材料选用上乘，祠堂整体宏伟壮观，祠堂内遍布装饰。

宗祠建筑本身就是一种文化的物化现象，它的建筑规模、格式包含有向后代灌输一种文化意识的内涵。

白市镇新舟宋氏宗祠风火墙

[1]《蒋氏族谱·卷首·祠堂记》，咸丰四年刻本，第41页。

[2]《祠堂记》，《蒋氏族谱》，1987年第四次重修印刷本，第77页。

宗祠具有一种沿主轴纵深展开的空间序列，一般都可以找到一条主轴，沿轴各空间在尺度上，其前后、左右、高低都是有序的；从平面布置来看，宗祠采取建立中轴线，两边对称的建筑格局。

宗祠的建筑结构为外环砖墙以牌楼为面；宗祠正面为牌楼和大门，左右山墙配以高翘的马头墙，可以起到防火防盗防进攻的作用，同时还增添雄伟气势。石灰粉内墙壁；祠堂建筑中最绚丽多姿的是装饰华美的牌楼，牌楼高一般在10至15米之间，牌楼顶部二级或三级重檐翘角，主、副牌楼连为一体呈五面状；主牌楼高于副牌楼，上嵌姓氏、堂号或郡望名；主、副牌楼泥塑浮雕人物花卉图，有多幅甚至几十幅浮雕或彩绘，这些雕刻或彩绘均是精雕细琢，通常取材于该姓氏历史著名人物、历史故事或者民间传说。

如白市杨氏先祠的牌楼便将“杨洪公平南、杨怀玉救主、杨业归宗、杨延昭挂帅、杨文广夺印、杨宣娘大破白马关、佘太君百岁挂帅、杨坚立帝、杨震归宝”等绘于牌楼上。

新舟舒氏宗祠有“岳母刺字”、“马武取洛阳”、“舒雅中状元”、“舒祇应审判冤案”、“舒文舆题奏受皇恩封牡丹赋”等雕塑。

坌处镇三门塘刘氏宗祠

三门塘刘氏宗祠的正面主体部分两侧，各是三层巴洛克式的长方形柱装饰，每层是两根长方形柱夹一窗。一层的两扇窗是长圆拱形的假窗，二层是窗扇深深凹进框的假窗，三层靠“昭勇将军”左右两侧又有短枋分为两层，下层各塑有一座外方内圆的西洋大钟，上层为凸雕的图案。墙顶的长方柱柱头上都有高耸的多层方形斗拱，不断缩小，远看似尖顶，这可能是被误认为是哥特式建筑的由来。正面墙上，在长方柱、半圆拱、砖枋、门柱、窗框、窗台、平脊等之上，还或雕绘多种鸟兽花卉，令人目不暇接。还有菱形、扇形、八字形、中国结形、方块形等几何图案，几乎每一个空隙都被精心地做了装饰，中西理念融为一体，有如用一副积木搭起的杰作。左右两面墙也是长方形、长圆拱形的假窗，凸雕凤凰等图案。门窗是西洋式的，在原有的浮雕彩绘基础上，加上钟、罗马文字、镂空雕塑的自行车（已毁）等。此宗祠门楼的浮雕内容和风格与其他门楼大相径庭。除龙、凤、翔鹤、芝兰外，更多的是威风凛凛的飞鹰、走兽和装饰性的自然风景，而像其他宗祠的历史人物故事浮雕就不见了。其他宗祠堂号的位置在此变成了竖书的“昭勇将军”，很明显所重的是军中的封职。最值得称奇，也是该宗祠在清水江下游最为著名的原因，是宗祠大门上方两侧西洋钟外的长方柱上，以对称形式凸雕着每排十一组，每组为

三门塘刘氏宗祠西洋钟

白市镇杨氏先祠戏台

两个的外文字母。左侧为HN、OA、CK、PR、OV、NC、FC、TY、EL、VH、UA；右侧为UA、PR、TN、BL、CV、HO、UT、NA、VL、EO、CH。门券两侧山墙的两层长方柱上也各有一行不对称，每组两个的外文字母。左侧为五组：TH、UN、AP、OU、TL；右侧为七组：HU、NA、PR、OV、IC、BL、KE。这些字母，当地人称拉丁字母或罗马字母，至于是何语义，至今无人破译。一些拉丁文字专家说拼不出一个单词，字母留给人遐想的或许是用当地语言的一种拼音？只能留待后人进一步研究了。[1]

宗祠的内部结构多为三进及两天井的组合院落形式。第一进为过道，又叫外厅，上为戏台，重大节日或族内重大喜庆之事多会请戏班来表演；戏台的前面与两侧为天井，主要供祠堂内采光用。规模较大的祠堂两侧配有耳房。第二进为中厅，

[1] 这些字母是何意？袁显荣先生认为“其组合如谜，让人百思不得其解”，而张国屏先生在《我对三门塘外文字母的破译》中认为是英文字母组合，而笔者认为是工匠随意安放的，仅仅是装饰而已，没有任何实际意义。因为张先生的解释只解答了其中10组，尚余多数即有12组没有解释，不能令人信服。张先生的解释详见王扬清：《清水江印象》，文物出版社2007年版，第61～62页。

又称享堂，较为宽敞，是祭祖和议事的场所，也是看戏的地方。最后一进为寝厅，又称正殿，是供奉祖先牌位的地方，正殿神龛是每座宗祠的核心部位；各祠堂神龛只有“X氏先祖之位”牌位，两个以上的基本上不存在，据笔者的调查，天柱祠堂只有竹林高坡潘氏宗祠有几百个祖先牌位。[1]天井两侧为厢房，有的是平房，也有两层楼的。

规模稍大的祠堂，戏楼是其重要组成部分，一般建在大门后面，面朝拜厅。此外与之配套的还有跑场通道、更衣室、道具室等。保存较好的戏楼有白市杨氏先祠、渡马龙盘腊树脚陈氏宗祠、新舟宋氏先祠、远口吴氏总祠、北岭乐氏宗祠、竹林地坌彭氏宗祠等。

祠堂内为中国传统式穿斗、抬梁、排扇木构建筑，其建筑形式富丽堂皇而大雅端庄，也有的中西合璧，耐人寻味。宗祠建筑十分考究，其风火墙、墙头、门楼、屏风、回廊、照壁、柱础、神主龛、功名石等都是经过精心设计与施工，呈现出异彩纷呈的建筑艺术。

第二节　宗祠的文化传承功能

一、楹联

楹联也称对联，是古代诗歌一种特殊的表现形式，分上联和下联，也称出句和对句。它生动鲜明，灵活多变，格调优美，既可以写景、抒情，也可以谈古论今，讽咏慨叹，不仅能给人美的享受，而且能从中得到启迪和教益。

天柱宗祠的楹联是宗祠的重要组成部分，是宗祠文化中一种重要的文化现象，有丰富的文化内涵，是宗族文化的精华，凝聚着宗族的历史、制度、规范和观念，没有哪一座宗祠没有楹联。这些楹联熔的文化内涵与书法艺术为一炉，意境高雅、言简意赅，极具宣传性和影响力。许多作品是出自名人、士大夫手笔，即使在今天仍然具有一定的启迪和教育意义。天柱现存宗祠的楹联分为门联、柱联、神龛联等，其内容人多与勾勒宗族迁徙史，颂扬祖先道德伟绩、科第功名、训诫劝勉、炫耀风水宝地等有关。

[1] 据田野调查，竹林高坡潘氏宗祠供奉着从15代3个祖先到29代共17排潘氏祖先的牌位，目前天柱宗祠尚未发现有第二家有类似情况。

凤城镇袁氏宗祠门联

勾勒宗族迁徙史、颂扬祖先道德伟绩。天柱境内各姓氏家族，追本溯源，大多数是来自江西等地的移民，还有在各个历史时期星散的由中原直接南来或辗转迁移到这里的。[1]背井离乡的人们在异地重建家园十分艰辛。如何生存，如何让自己的后代生生不息地繁衍下去，如何将祖训家风世代相传？祠堂便成为他们联系的纽带，因而大部分祠堂的内容都和自己的祖居地或姓氏渊源有关，况且要想在异地站稳脚跟，就希望自己的宗族能够有一个显要的地位，因而，一旦自己家族出过什么名人或光宗耀祖的事自然会引以为豪，而门联正是抒发他们内心感情和炫耀的最好工具。门联所表达出来对宗祖的敬慕正是移民文化很好的体现，不仅仅是其家族文化的象征，而且是移民文化、地域文化的反映及是区域社会发展变迁的见证。因此，此类楹联也最多，占整个楹联的绝大多数。

邦洞中高野郑氏宗祠对联：“宗功祖德深裕后，桂馥兰香汇光前”；“荥阳发迹分鼎山东福建江西皆故里，玉屏分枝伶仃晃贡贵州天柱又老乡”。

白市新舟舒氏宗祠门联：“先祠建新舟大壮庐江鼎族，后裔繁朗水永绵牡赋家声”；“作忠作孝今古圣贤常在，允文允武山川风气全开”。

[1] 根据作者对所搜集到的天柱各姓氏几十种族谱的考察，天柱几乎全部是从外省且多数是从江西移民而来的。根据清水江流域考古发掘的材料证明，至少7000多年前天柱已经有人类居住了，但已不知土著到哪里去了，如何演变待考。

白市新舟吴氏先祠门联：“世祖创业新舟枝繁叶茂昌万代，富公定基圣地根深蒂固盛千秋”。

竹林秀田唐氏宗祠堂联：“祠开凤邑枕龙山依剑岭襟竹溪地灵人杰，派衍江西沿楚水注黔东带清水源远流长”；“吾先人自楚而南故家遗俗犹有存者，我后人斯时入庙追远事亡独无恔乎”。

北岭乐氏宗祠门联：“根深南阳枝繁叶茂长茂盛，基开北岭人杰地灵永隆昌”。

中寨刘氏宗祠（下祠）门联：“派衍金陵入此门须念何如光祖德，家传凤岑聚斯族当思所以翼孙谋”。

渡马龙盘陈氏宗祠门联：“族聚三千余口天下第一，居同五百多年世间无双”。

坌处镇街上王氏宗祠门联：“槐荫得千秋衍系青箱恢燕翼，书法传万世瑞呈江左奠鸿基”；两边砖柱次第有联两幅：“昌黎言王氏郡望为详曾闻六代繁华巷口乌衣纷画栋，平族载元史地志甚悉遽见一门鼎盛桥头嘉树号兴槐”；“忆先祖忠孝肇基历唐宋元明每著芳声积靡流光荣史册，在后昆肃雍承祀联尊卑长幼各舒诚意象贤崇德荐馨香”。

竹林高坡潘氏家祠牌楼对联：“大根大本昔由越府分来岁岁秋霜春露，斯革斯翠新向高坡引翼枝枝凤翥鸾翔”；正殿对联为：“祖迹肇周南武有叔党文有岳，宗支发黔左庙留高坡世留香”。

三门塘王氏宗祠门联：“报本溯源丕振宗坊恢骏业，笃亲睦族重修祖庙启鸿图”；“当年沐雨栉风自龙标而来源远根深绵祖德，此日添丁成族归凤邑而往前光后裕荷宗功”。

凤城袁氏宗祠上刻门联：“宗系汝南卧雪家风欣接武，祠单柱邑过江名士庆接班”；而镌刻在牌楼石柱上的对联依然醒目，由大门次第而出，分别为：“卧雪流长昔洛阳衍盛，仁风播远今柱邑呈祥”；“世衍万家春露秋霜恢先绪，族源一脉云蒸霞蔚裕后昆”；“家兴汝南有名人志士承先启后，祠建凤城出英雄豪杰继往开来”。

坌处镇街头王氏宗祠门联

白市镇新舟宋氏先祠门联

三门塘刘氏宗祠门联：“白水高名千秋尚在，香山重望万古犹存”。

远口吴氏总祠大门两侧次第有三联：“源远流长万古衣冠宗礼乐，兰芳桂馥千秋俎豆存馨香”；“世业启岐周先德流芳绳祖武，长源从泰伯后昆挺秀振宗功”；“三让肇家声泽衍来耳仍云代有传人光先德，千秋崇祀典祭别蒸尝禴禘世敦族谊启后昆”。

蓝田杞寨八甲杨氏宗祠门联：“家绵杨氏宗风远，祠肇关西世荣长”。

竹林地坌彭氏宗祠有联两幅：“祀典重千秋念先公礼乐钦遵科第蝉联光祖德，祠垣经再筑俾后裔箕裘克绍人文蔚起播宗坊”；“和羹建奇勋万古家声绵斟雉，著书留旧泽千秋世业绍挥犀”。

渡马龙盘陈氏宗祠两侧楹联分别为：“春秋俎豆山河永，世代簪缨日月长”；“宗风丕振当日先人初建庙，祖德遐昌今朝后裔再营门”；“裂土分封浩荡渊源垂宇宙，丰功伟烈辉煌德泽震寰宇”。

白市杨氏先祠大门石柱上的是“三鳣祠里有清风名与清江传万古，四知堂前迎白水寿同白石壮千秋”；大门两侧的是“俊杰英雄文韬武略，桂兰馨馥子孝孙贤”；“俊秀挺拔光前裕后，仓公崛起叶茂根深”。

科第功名、训诫劝勉。白市新舟宋氏先祠门联：“龙盘贡向宋祠存才名万古，寿同新舟繁荣后裔壮千秋”；“赋梅宅地承传文明家声远，仁溥翰墨辈出英才族名扬”。

白市新舟吴氏先祠门联：“忠孝友爱传家绳祖武，谨诗攻书继世翼孙谋”。

北岭乐氏宗祠门联为：“入斯门勿忘昌平矩护，至此地需讲子氏伦常”。

炫耀风水宝地。如坌处抱塘吴氏宗祠门联：“宗祠对名山左青龙右白虎祥瑞上腾万丈焰，门前环古水襟东江袖西洲彩练直涌百川雄”。

诚如郭志超先生所说的那样：祖先迁徙史和发祥地有实有虚，或虚实相间。很多宗族修谱始于清代，关于早期历史的记忆，与其说是记录，不如说是意识和心理的表达。无论是实是虚，都在表达中原认同和华夏认同。[1]

二、匾额

匾额是华夏文明的一种体现。匾额分类多样，居匾额的功用则旨在崇功祖德、笃行励志。样式有石刻匾额和木刻匾额及灰制匾额等，一般以长方形为常见，尺寸规格视门面大小而定，醒目端庄，所书墨宝多拜求名家文人题写。匾额特点：意境文采讲究，书法篆刻精湛、内容言简意赅。据有关文献记载：匾额的制作流程是民间综合性技艺的展示，它历经长期的积累与演变，形成了融词赋诗文、书法雕刻、绘画篆印等多种艺术形式于一身的特点，是中国文辞之美与工艺之美的集大成者。一块优秀的匾额不仅可以令人欣赏到凝练而传神的题词，而且完美地再现了书法家俊逸的书法，同时还雕琢出细致精美图案系列，是语言艺术、书法艺术、绘画雕刻艺术的三度审美，具有极高的艺术价值和历史价值。

天柱宗祠里的匾额是其独特的民俗文化精髓所在，融中华古老文化流传中的辞赋诗文、书法篆刻、建筑艺术为一体，集收藏性、观赏性和艺术性于一身的特殊文

白市镇新舟舒氏宗祠匾额

坌处镇抱塘吴氏宗祠匾额

[1] 郭志超：《闽南宗族社会》，福建人民出版社2008年，第79页。

化载体。又以凝练的诗文、精湛的书法、深远的寓意，展示了书写者的深厚书法功底，烘托出拥有者的地位和崇高的文化底蕴，蕴涵着文人骚客的艺术创作和民间艺人的精湛技艺，成为中华文化百花园中的一朵奇葩。

江东乡杨氏宗祠匾额

竹林乡高坡潘氏家祠匾额

三、彩绘

祠堂彩绘用色以土红、灰、墨为主，富有民间艺术特色，不受规格化的局限。

绘制在木梁上的彩绘，其图案多是花卉、山石和一些吉祥如意的纹饰，因为年代久远，一些彩绘已经剥落，不过，可以想见这些彩绘当年的惊艳和辉煌。而绘有彩绘的木梁，交合处也都有一些木刻，也比较精美。

白市镇新舟舒氏宗祠内的绘画

白市镇杨氏先祠内的绘画

白市镇新舟舒氏宗祠内的花鸟壁画

社学乡桥联何氏宗祠内的绘画

四、戏剧

天柱戏剧有大戏、阳戏、湘戏和花鼓戏等，又以大戏、阳戏两种为要。大戏主要分布在凤城城关、岩寨、乐寨、坝寨，渡马岩门，白市街上、新舟、兴隆，邦洞织云、高野、摆头，蓝田寨头、杞寨，社学长团、平甫，高酿章寨、摆洞，石洞汉寨、皮厦等地，其都有汉剧班（队）。阳戏主要分布在蓝田寨头，邦洞岩脚，渡马江东，凤城润松，白市窑上、北市，瓮洞街上、大段，远口街上、元田、大样等地，其都有阳戏班子。湘戏主要分布在凤城，花鼓戏主要分布在白市、江东等地。

天柱汉戏（天柱县文体广电局提供）

此图为笔者在蓝田调研时，杞寨杨姓长者为笔者在房顶展示天柱汉戏服装

天柱大戏又叫汉戏，是汉族的京戏传到天柱后，当地人用本土的戏话排演，用平腔吟唱，戏剧规模场面大，相对于本地阳戏而言，就叫大戏。[1]天柱大戏一般以一个村或一个寨组成戏班，组团不跨村。一个剧团一般25人左右，其中戏师指导，设分管服装道具一人、内务一人、文书一人，还有鼓师、歌师和各角色演员。大剧的表演多为古装戏，多用高腔，唢呐伴奏，也有弹腔，胡琴伴奏。剧本多以传统的民间故事为题材，代表作有《霸

[1] 姚敦屏：《天柱大戏》，天柱县政协非物质文化遗产宝库编纂委员会：《天柱县非物质文化遗产宝库》，贵州大学出版社2009年，第417页。

王别姬》、《桃园结义》、《薛刚反唐》、《三打白骨精》、《黄袍怪》、《大破天门阵》、《黄鹤楼》、《甘露寺》、《群英会》、《满江红》、《打鱼》、《狸猫换太子》、《真假新郎》等二百余部。

天柱阳戏系晚清时期从湖南传入，流传于天柱民间的一个剧种。阳戏在天柱是群众喜闻乐见的一个剧种，广为流传，遍及全县，“在天柱地区，至今年岁稍长的人中，没有看过阳戏的人是极少的”[1]。一般以一个村或一个寨组成阳戏班。戏班一般由18人至20人组成，其中坛师一人（总管、业务执排、对外联系），内管班一人（分管内务），外管班一人（分管衣箱、道具），文书一人（专司缮写）。还有鼓师、琴师，其余为各角色演员。以在本村、本寨自娱自乐演出为主，有时应邀出村演出。天柱阳戏多以民间故事为题材，剧目约有近百出。剧中人物多为二至五个主要角色，多数剧中都有生、旦、净、末、丑。不同时期的阳戏剧本略有不同，主要传统剧目有《王大娘补缸》、《小放牛》、《张古老打豆腐》、《打菜》（原名《盗菜》）、《南桥会》、《化子盘学》、《吞丹斩狐》等，创作剧目主要有《淘

天柱阳戏——返乡（天柱县文体广电局提供）

[1] 陶光弘：《天柱阳戏概述》，天柱县政协非物质文化遗产宝库编纂委员会：《天柱县非物质文化遗产宝库》，贵州大学出版社2009年，第412页。

沙算命》、《丙寅年》、《三光棍相亲》、《春茶只赠心上人》等。天柱阳戏农历正月的演出，一般先在本寨演出二至三天，然后带着龙灯（或蚌灯）、武术队到外寨、外乡演出。出寨出乡演出，须选择吉日良辰，设案启师，烧香烧纸。戏子、龙灯（或蚌灯）围绕香案转三圈，即浩浩荡荡出行。开台演出，重发开台锣鼓，不少被喊“加官”并送了“红包”者，为演出助乐助兴，还鸣放鞭炮。20世纪50年代至60年代初期是天柱阳戏的繁盛时期，阳戏班队遍布十余个乡镇40余个村寨。到80年代全县尚有21个戏班（队），阳戏戏师、戏角计有480余人。

天柱大戏和阳戏演出场所以本村寨的宗祠（有戏台）为主，无祠堂的即在村寨中的公地搭台或在空地演出。演出的时间多在农历正月和民族传统节日期间。演出不卖票、不收费，只要开台，人人可看，为群众性的自娱自乐的业余文化活动。演出费用由族中集资和演出中喊当地头面人物“加官”，被喊者自觉脸上光彩，自愿将“红包”送上，不论多少。

天柱阳戏——南山耕春（天柱县文体广电局提供）

20世纪90年代以后，受电视、网络等现代文化以及市场经济的冲击，当地生产生活发生显著的变化，农村中许多优秀青年均外出打工，只剩下一些老人和孩子，“阳戏演出活动一方面无人组织，另一方面缺乏演员，很快便陷入了自生自灭的困境”[1]。从解放初期至1983年，龙盘大戏团每年均有演出，“他们大多在本地演出，现在活动也停止了”。天柱“大多数业余大戏团队的服装道具器乐毁坏，无传承人而消亡”[2]。

[1] 秦秀强：《天柱阳戏的起源与传承》，天柱县政协非物质文化遗产宝库编纂委员会：《天柱县非物质文化遗产宝库》，贵州大学出版社2009年，第416页。

[2] 姚敦屏：《天柱大戏》，天柱县政协非物质文化遗产宝库编纂委员会：《天柱县非物质文化遗产宝库》，贵州大学出版社2009年版，第418页。

第五章

天柱宗祠的当代走向

MINJIAN JIYI YU
LISHI CHUANCHENG

第一节　天柱宗祠的现状

一、1949年后的天柱宗祠

1949年11月4日，中国人民解放军第五兵团溯清水江而上，解放天柱。1950年1月21日，成立天柱县人民政府。此后的近30年中，政治运动频繁，土地改革、人民公社、“大跃进”、“文化大革命”等，无一不深刻影响着天柱地区的社会生活，冲击着乡村的宗族组织，尤其是土地改革和“文化大革命”影响甚大。

1950年6月30日实行的《中华人民共和国土地改革法》明确指出：土地改革是中国人民在中国共产党领导下，彻底铲除封建剥削制度的一场深刻的社会革命，是我国民主革命的一项基本任务。土地改革的目的是“废除地主阶级封建剥削的土地所有制，实行农民的土地所有制，借以解放农村生产力，发展农业生产，为新中国的工业化开辟道路”。其中，第二条规定：“没收地主的土地”；第三条：“征收祠堂、庙宇、寺院、教学、学校和团体在农村中的土地及其他公地。”祠产包括祠

高酿镇上花村龙氏宗祠

田、族田、族山等都被征收，分配给贫困农民。宗祠被征收后，有的作为生产队、公社或乡镇的办公地点，如凤城老寨杨氏宗祠、远口吴氏总祠，至今仍是远口镇党委政府的会议室，同时还是远口镇关心下一代工作委员会、远口镇老年协会和远口镇老年学校的办公地点；渡马龙盘陈氏宗祠是当时岩门公社的办公场地，大小会议和各种文艺活动都在祠堂里进行。有的作为仓库、粮库等生产用房，如坌处镇三门塘王氏宗祠，1950年以后，一直用作集体仓库；江东杨氏宗祠在1950年代初曾作为粮食仓库，并作为群众打捞清水江涨大水后木材集中放置地；蓝田杞寨杨氏宗祠曾在1950年代用作粮食仓库，也曾作为办公场地；有的用作学校，如坌处抱塘吴氏宗祠、瓮洞大段蒋氏宗祠。

“文化大革命”时期，中国社会发生了深刻的变化，宗族遭受毁灭性打击。天柱同全国其他地区一样宗祠也遭到破坏，祠堂建筑以及其中的祖先牌位、牌匾、对联、雕刻等，多数作为封建糟粕被强行破坏，能砸就砸，能毁就毁，有的用刀刮或用油漆、石灰刷，甚至使用凿子，尤其是绝大多数宗祠精美的牌楼被毁得面目全

正在重建中的渡马乡龙盘周氏宗祠

非。许多族谱被撕毁或者被烧掉。[1]加之1970年7月12至14日，清水江两岸大雨，大小河溪暴涨，众多房屋被冲毁，宗祠也列其中，如远口镇青云村的杨氏宗祠、瓮洞镇街上的胡氏宗祠均遭受此劫难，仅剩断壁残垣，无法恢复。

1978年12月，中共十一届三中全会停止使用“以阶级斗争为纲”的口号，把工作重点转移到社会主义现代化建设上来，实行改革开放。农村实行家庭联产承包责任制，农村的活力被激发出来了。当代中国农村社会的宗族形态已经进入了一个新时代，宗族在各地悄然复苏，其主要标志是各地重修宗谱和祠堂，诚如冯尔康先生所说的那样，宗族的复苏主要表现在“建设组织、修坟祭祖、续修家谱、修缮祠堂”等方面。[2]由此，祠堂进入一个崭新的历史时期，许多宗亲纷纷将祠堂加以改建、扩建，甚至重建，成为地平线上一大人文景观。

二、天柱宗祠的类型

尽管前文的统计中呈现了众多的宗祠，但若是除去族谱中只言片语记载或残垣断壁的遗址外，能完全为我们展现较为完好的宗祠显然没有百座之多。比如凤城镇内，尽管有15处之多，但今天能见到完整的宗祠只有5座，其余不是弃置就是只剩墙垣或者只停留在族谱的记载中；又如邦洞、蓝田两地，共有14座之多，但稍微完好的却只有上高野的郑氏宗祠。因此，我们有必要勾勒出一幅完整的宗祠图景，换言之，即成为一座宗祠都要具备哪些要素？通过对天柱域内宗祠的考察，我们认为，宗祠应具备以下要素。

首先是宗祠所占地基。地基一般在100平方米以上，天柱域内占地最大宗祠白市杨氏先祠达1719平方米之广。其次是白色风火马头围墙，这是宗祠建筑的标志之一。风火墙，顾名思义，乃挡风堵火之墙，在乡村中一般高于周围建筑，四周封闭。再次是牌楼。即宗祠建筑的正面，正中为大门，宗祠的祠名、该祠堂堂号、对联、各种人物雕塑、壁画等体现该宗族的文化符号都集中于此。牌楼是宗祠展现实力的主要舞台之一，因而，宗祠的建立，以牌楼最为耗费。第四，是宗祠内部，一般是木质结构的，由前厅戏楼、厢房、天井、中厅、正厅、神台等组成。祠内，

---

[1] 2010年3月6日，我们在蓝田镇都甫村进行田野调查时，就发现民国年间编印的《罗氏族谱》中，有众多国民政府要员，如林森、蒋介石、于右任、何应钦、孙科、居正、龙云、薛岳、唐生智、陈诚、褚民谊等，以及贵州籍的要员，如王伯群、任可澄、谷正伦、周恭寿等，共26人的题字。在“文化大革命”中，题字部分被撕毁，仅存族谱的其他部分，十分可惜。渡马乡岩门村赤暮罗的《罗氏族谱》仍然保留有题字部分，两谱为同一族谱。

[2] 冯尔康：《18世纪以来中国家族的现代转向》，上海人民出版社2005年版，第330页。

江东乡杨氏宗祠祠内一览

外人难以进入，是集中商讨处理宗族事务的地方。因此，祠内往时通常为禁地。第五，民众的认同，这一点亦非常关键，也是前四项出现之后而产生的。虽然在今天的天柱域内，经过时间的洗礼，诸多宗祠已经不是完整意义上的宗祠（不具备前四项），但民众却因某地往时是宗祠建立之地，同样认同该地是宗祠，这显然是一种时间积累的宗祠文化认同。

在表述了宗祠所应具备的建筑要素和民众认同之后，天柱域内现存宗祠从外观保存的完整性来说，我们认为可分为三种类型，即完整型、破败可修葺型、遗址型。

完整型，即该宗祠无论外观还是祠内，都保存完好，且有宗族族人管理。这种类型，在我们统计的104座宗祠中，占有一定的比例，有23座之多，分别为：凤城镇东门许家巷的袁氏宗祠，凤城镇乐寨村八甲杨的杨氏宗祠，凤城镇润松村的巴州陆氏宗祠；白市镇白市村的杨氏先祠，白市镇新舟村的舒氏宗祠、吴氏先祠、宋氏先祠，白市镇北岭村的乐氏宗祠；远口镇街上的吴氏宗祠；社学乡田心寨的王氏宗祠、吴氏宗祠，社学乡桥联村的何氏宗祠、伍氏宗祠，社学乡长团老寨的杨氏宗祠；渡马乡老街的杨氏宗祠，渡马乡龙盘村度暮寨的陈氏宗祠、周氏宗祠；坌处镇三门塘的刘氏宗祠、王氏宗祠，坌处镇抱塘村的吴氏宗祠、粟氏宗祠；竹林乡地坌村的彭氏家祠，竹林乡高坡村的潘氏家祠等。这些宗祠，有一个共同的特点，即除了保存完好之外，一般都紧闭大门，显然不是任何人都能入内的。不过，即便保存完整，亦失去了往日宗祠所应具备的社会功能，族众在祠内观摩戏剧表演而获得愉悦的时代已经远去，族众在祠内商量处理族务也随国家法制的日趋健全而黯然失色，族田助学也不再为族众所熟知。所有这些宗祠所具备的社会功能的逐渐消失，使得宗祠只是作为一姓一族的静态而不具备动态的象征。

破败可修葺型，这类宗祠的特点为宗祠墙垣依然完整高耸，只是年久失修而墙体砖块裸露，牌楼亦无栩栩如生之雕塑、彩绘，但祠名、堂号、对联依稀可辨甚至明晰，大门终日敞开，任何人随时可入其内，祠内一般木质结构亦存，只是或杂草丛生，或杂物乱放，或称为各种加工厂（以木材加工为主），碑记横躺或斜卧，神龛或灰尘满台或已无神龛神台。这一类型在天柱域内的宗祠中在少数，兹列举如下：凤城镇雷寨村东边迎春坪的杨氏宗祠，凤城镇雷寨村塘沃的周氏宗祠，凤城镇乐寨村四甲杨的杨氏宗祠，凤城镇老寨村五甲杨的杨氏宗祠，凤城镇润松村坝寨的周氏宗祠，邦洞镇上高野村的郑氏宗祠，蓝田镇杞寨村五甲杨的杨氏宗祠，蓝田镇都甫村的梁氏宗祠，石洞镇黄桥村的杨氏宗祠，高酿镇章寨村左侧的刘氏宗祠，高酿镇地良村浩寨的龙氏宗祠，高酿镇地良村银寨的龙氏宗祠，远口镇潘寨村的罗氏宗祠，远口镇黄田村的吴氏分祠，远口镇云潭湾的杨氏宗祠，社学乡白旄寨的吴氏先祠，渡马乡岩门村的杨氏宗祠（外寨）、罗氏宗祠、杨家宗祠（内寨），江东乡江东村的杨家宗祠，坌处镇街头的王氏宗祠，共21处。鉴于宗祠的地基、墙垣、牌楼、祠内结构等基本构件尚存，只要进行整修，完整雄伟的宗祠风貌很快就能够呈现。在田野的问卷调查中，这些宗祠的族人颇希望能重振祠风，唯一缺乏者，即是召集人或者说政府的支持。显然，这21座宗祠，也是前文讨论上个世纪80年代以来兴起整修宗祠热的潜力所在。

遗址型，它包含两种情形，一是天柱域内各姓氏族谱中载有的宗祠而今无存者，一是今天能见到残垣断壁者。这种类型随着族谱资料的进一步收集与解读，数量定然可观。就目前统计的数据，已然表明这种类型数量的庞大，主要如下：凤城镇雷寨村东边迎春坪的欧阳氏宗祠、欧阳氏兴旺公宗祠，凤城镇雷寨村塘沃的欧阳氏兴元公宗祠，凤城镇雷寨村永新街高场的欧阳氏兴忠公宗祠，凤城镇西门北门之间的蒋氏宗祠，凤城镇东门的肖氏宗祠，邦洞镇街头馆塘四甲杨的杨氏宗祠，邦洞镇街上的杨氏宗祠，邦洞镇谌家湾的谌氏宗祠，邦洞镇坌溪寨口右边的姜氏宗祠，邦洞镇观周披头寨五甲杨的杨氏宗祠，邦洞镇赖洞寨南河岸的张氏宗祠，邦洞镇摆头村的杨氏宗祠，白市镇岩坳村的杨氏宗祠，白市镇地祥村的袁氏宗祠，白市镇北岭村的姚氏宗祠，白市镇汶溪村的姚氏宗祠，蓝田镇都甫村的杨氏宗祠、罗氏宗祠，蓝田镇杞寨村的刘氏宗祠，石洞镇水洞村高旦寨的欧氏宗祠，高酿镇章寨村的刘氏宗祠，高酿镇界牌村的王氏宗祠，远口镇夏寨村的罗氏先祠，远口镇中团村的陈氏先祠、吴氏宗祠，瓮洞镇街上的胡氏宗祠，瓮洞镇平溪庵渡的潘氏宗祠，瓮洞镇大段村的蒋氏宗祠，瓮洞镇梭坪村的孙氏宗祠，社学乡桥联村烹寨的黄氏宗祠，坪地镇沿街村的杨氏宗祠，坪地镇石更村的杨氏宗祠，坪地镇清溪街的张氏宗祠，坌处镇地冲村的吴氏宗祠，坌处镇雅地村的潘氏宗祠，坌处镇中寨村的潘氏宗祠，坌处镇兴坡村潘氏宗祠，竹林乡杨家村的唐氏宗祠，竹林乡滴头村的潘氏宗祠，注溪乡新址的秦氏宗祠，地湖乡罗家湾的吴氏宗祠，共44座。

这些宗祠遗迹，或许还可以重建，或许只能随着时间的流逝而永远成为历史的记忆。尽管统计出来成为遗址的宗祠数量很多令人沮丧，但这些存在于过去的宗祠，是天柱域内宗祠文化的重要部分，往日曾经辉煌一时，甚至是族人日常生活中最重要部分的宗祠，现在何以成为了遗址和民众的记忆？其背后隐藏的信息和内涵显然更值得我们去关注。

第二节　天柱宗祠的开发、利用与保护

一、宗祠的现代转向

祠堂传统的风俗顺应形势发生了一些变化，祭祖过程的封建迷信色彩逐渐消退，仪式和程序也更为简单化，祭祖仅仅成为人们对祖先寄托哀思的一种方式，其宗法功能和宗法本质已不复存在。这些风俗形式的转变正是新时期农村人们思想理念发生转变的表现。

随着经济社会的发展，许多宗祠被用于商业用途。各个村落家庭式小型工厂有了一定发展，但由于人口众多、可利用建设用地紧张以及建设用地土地价格昂贵等原因，租用具有较大占地面积的祠堂成为村落工厂一种较低成本的选择。同时，由于出租祠堂能带来一定的经济收入，不但能为宗族每年祭祀祖先、唱词演戏、吃祠堂酒等传统活动的开展提供经费，而且还能提高族人的年均收入。因此，出租祠堂用以办厂的情况较普遍，都取得了一定的经济效益。据课题组调查了解，有用于小型木材加工厂

社学乡桥联何氏宗祠内堆放的电火箱

的，如社学桥联何氏宗祠、伍氏宗祠，凤城雷寨杨氏宗祠，坌处王氏宗祠，白市杨氏宗祠等；有用于小卖部的，如渡马岩门内寨杨氏宗祠；有用于白酒生产的，如凤城雷寨周氏宗祠；有用于租赁居住的，如凤城镇袁氏宗祠。祠堂被用作经济活动的空间载体这一功能变化，不但缓解了小型民办企业建设用地紧张的现状，降低了民办企业的生产成本，而且也为农村居民和流动人口增加了就业机会，有利于推动农村经济发展，促进社会主义新农村建设。

但是，总体而言，改革开放以来，随着我国城镇化进程的加快，越来越多的人涌入城镇，人们的宗族观念越来越淡薄，祠堂失去了其赖以生存的基础。而且，许多保留下了的祠堂也处于无人管理、闲置不用的状态，致使其残败不堪。如果再不加以重视，对其进行合理的保护，那么祠堂的消亡就只是时间问题了。

二、天柱宗祠的开发、利用与保护

按照《中华人民共和国文物保护法》第四条“保护为主、抢救第一、合理利用、加强管理”的规定，在保护好古建筑文物的基础上，可以根据实际情况进行合理开发。

加大宣传力度。大力宣传文物保护法，提高全民保护文化遗产的自觉性，实现永续利用文物资源，制止有损文物建筑及不合理使用的现象，提高群众防火安全意识，有效落实消防安全防范机制及突发事件应急机制，确保宗祠建筑的安全，将宗祠建成群众旅游、文化遗产保护、文化传承的阵地，保护好人类共同的文化遗产。

建档工作。政府和有关文物保护单位应行动起来，继续完善文物保护措施，有效落实保护工作，根据实地勘察情况，划定宗祠的保护范围，充分利用文字、照片、图纸、拓片、摄像等形式，对祠堂尽快登记造册，根据祠堂的知名度以及建筑规模等，对符合标准的尽早定为县级文物保护单位，以防毁坏。

完善祠堂修缮资金筹集制度。根据《贵州省民族民间文化保护条例》第二十八条关于“民族民间文化保护经费由政府拨款”之规定，建议各级政府都有对宗祠保护工作给予资金投入，修缮资金应以州、县、镇（乡）为出资主体、社会各界捐款为补充，成立“祠堂保护维修基金”，用以保护、修箕破损或废弃的祠堂。

按博物馆模式开发。按照科学合理的原则，充分利用宗祠建筑，展示地方文化遗产和人文精神，让宗祠在新的历史时期发挥其作用。突破家族局限，使宗祠文化为社区及社会各界所共建共享。如可以把吴氏远口总祠辟为宗祠博物馆，在全县征集已散佚在四处的宗祠建筑构件、碑刻、石雕、木雕、铭文砖、老照片、图片等，在宗祠内长期展出，使宗祠成为天柱历史文化研究的重要基地；白市杨氏先祠可以作为戏曲博物馆进行整合，对全县的阳戏、汉戏等进行收集整理，可以说，把拥有景致戏楼的白市杨氏先祠辟为戏曲博物馆恰到好处；凤城袁氏宗祠可以辟为民俗博物馆，搜集全县民间民俗文化资料，可以长期免费向公众开放；可以把新舟宋氏宗祠改建为天柱历史名人纪念馆，收集天柱的历史文化名人资料。这些开发必将在继承中华文化优良传统、弘扬民族精神、构建和谐社会及促进地方旅游方面发挥积极的作用。当然，这种将民间祠堂功能转化不是改变建筑物的外部造型、风格特点，而是陈列理念的变化。

申报文保单位。抽调精兵强将，成立天柱县宗祠文化保护工作领导小组，整合相关县级文物保护单位材料，以清水江下游沿岸宗祠群和凤城——社学——渡马宗祠群为单位，先申报省级文物保护单位，再申报国家级文物保护单位。

作为旅游资源的开发。随着旅游业的发展，乡村旅游也蓬勃发展起来。宗祠列为文物保护单位并能开发成旅游点，为宗祠的保护与开发开辟了一条新的道路，是对当代宗祠走向的有益探索，是一种值得关注和探讨的走向，应尽快把宗祠纳入天柱旅游发展规划之中。

作为社区文化活动中心的开发。应该指出的是，能够进行旅游开发的宗祠毕竟只是小部分，对于大多数没有较高文物保护价值的宗祠而言，如何转变其功能值得思考。发掘其有利于当代社会的文化内涵，对废弃、闲置的祠堂进行修缮和改建是

白市镇杨氏先祠中的老年学校

一个重要方面。一部分祠堂被改建成社区文化活动中心，设棋牌室、音乐室、健身室、电视室等，吸引着全村男女老幼在闲暇之时来此娱乐。祠堂的这种功能转换，将给村民创造一个良好的生活环境，不仅可以丰富村民的业余生活，而且可以促进村民之间的交流与沟通，从而增强村民的团体意识和社会意识，也可改善村民间的关系，有利于农村的稳定和发展及和谐社区的建设。

在宗祠修缮过程中，应力求恢复原貌。在考察过程中，常常看到一些新建的宗祠使用现代建筑材料，在原址基础上重建的宗祠基本上是砖混结构，如渡马陶氏宗祠。有的甚至是框架结构，完全是钢筋混凝土结构，如渡马龙盘周氏宗祠。有的宗祠牌楼用瓷砖进行装修，如社学田心寨王氏宗祠。

第三节　白市水电站建设与宗祠保护

一、库区搬迁方案及其存在的问题

1. 搬迁方案

白市水电站是清水江梯级电站之一，位于贵州省黔东南州天柱县境内，坝址位于天柱县白市镇上游约2.8千米处的坪内村，距天柱县城30千米。白市水电站建设将以发电为主，兼顾航运、防洪、水产养殖等。

白市水电站建设项目于2003年启动，2005年被列入贵州省重点工程，2008年3月获国家发展和改革委员会核准开工。

为搞好白市水电站库区移民安置工作，2003年11月，天柱县相继成立了天柱县移民工作协调领导小组、县移民安置指挥部与县移民开发局等领导机构和业务部门。2004年2月至4月，由设计单位、地方政府、业主单位共同组成实物指标调查工作组，根据《清水江天柱水电站水库淹没实物指标调查细则》，对库区淹没实物指标进行了全面调查。淹没影响涉及天柱县白市、远口、竹林、坌处、社学等5个乡镇39个村2个居委会292个组4371户22270人，淹没房屋95万多平方米（其中正房83万多平方米，杂房12万多平方米），涉及搬迁远口、坌处、兴隆3个集镇和8座宗祠，其中清朝建有6座，民国年间建有2座，较早的始建于康熙末年和乾隆初年，涉及文物保护单位5座。

据调查了解，白市水电站文物设计是业主五凌公司委托贵州省文物局进行设计，国家电力公司中南勘测设计研究院以省文物局的成果及其投资纳入可研报告。

正在建设中的白市水电站大坝

省文物局对库区宗祠的规划方案为：一是对县级文物保护单位远口吴氏总祠进行整体异地搬迁。因远口吴氏总祠在2004年白市水电站进行可研调查阶段正在申报国家级文物保护单位，鉴于其具有较高的历史文化与艺术价值，所以将它和坌处王氏宗祠列入整体异地搬迁保护规划。二是对属于省级文物保护单位范围的三门塘刘氏宗祠、王氏宗祠（太原祠）与其他古建筑就地实施围堤保护。三是把县级文物保护单位的清云二座杨氏先祠和尚未列入文物保护单位的菜溪村彭氏先祠、中团吴氏宗祠纳入补偿搬迁规划，即把补偿经费兑现给这几个宗祠的房族群众，由他们自行组织搬迁处理。

2. 存在的问题

毋庸置疑，这个规划设计方案，既考虑到了水电站移民安置工作，也兼顾到了库区淹没文物的保护工作，应该说是比较切合库区的实际情况。但是，如果按照这个方案实施的话，必将造成库区大量有民族特色的古建筑及文物古迹的损坏甚至消失，特别是对只列入补偿不进行整体搬迁和未采取其他保护措施的这一部分古家祠。这里面存在三个问题，不得不未雨绸缪，认真进行分析研究。第一，把修家祠的钱兑现给了老百姓，他们愿意搬迁而且房族比较齐心，那么家祠就搬得成，就会继续保存。假如没有得力的人出来组织搬迁重建，老百姓把钱分光了，任其淹没于水底，这座家祠的未来也就可想而知了。第二，即使是已经列入了保护规划的古家祠，如果是补偿及复建经费不足，保护措施不力，重建工程出现质量问题等，都有可能对清水江古建筑文物造成重大的损失。这些古建筑与我国北方的四合院比起来也许算不了什么，但它们是侗族、苗族等少数民族的特有建筑，是这些少数民族最重要的文化载体和精神寄托。因此对它们的保护有关部门应予以高度重视，并采取切实有效的保护措施。第三，搬迁的古家祠文物的布局、选址与新建集镇、移民安置点的协调与可持续发展问题。这个问题如果处理不好，不仅会使库区村寨失去历史文化载体和民族风情特色，也会影响人文景观，降低清水江沿岸的旅游资源品味，使库区生态建设和旅游开发大打折扣。

石洞镇柳寨景色（天柱县文体广电局提供）

二、库区宗祠的保护与利用

清水江流域现存的祠堂，是见证了清水江流域几百年历史发展的民间建筑精华，体现了清水江流域的历史文化、民俗风情、生活方式、建筑艺术特征，其独特的人文景观、地方特色和文物价值是其他建筑无可替代的。自20世纪80年代以来，随着改革开放的进一步深入，农村经济文化生活逐渐走向开放，人口的流动性正在扩展，宗族日益弱化，村落家族文化处在消解的过程之中，“村落家族向现代社会过渡，意味着其群体性质由血缘性转向社团性，居住方式由聚落性转向流动性，组织结构由等级性转向平等性，调节性由礼俗制转向法制性，生活方式由封闭性转向开放性”[1]。1964年《威尼斯宪章》中“将文化遗产真实地、完整地传下去是我们的责任”是对保护遗产原真性最好的诠释，因此对宗祠的保护应做到以下3点。

1. 搬迁前做好规划

一是建议施工单位在进行古宗祠搬迁和重建之前，要多征求各级文物主管部门的意见，有条件的话最好是召开听证会，请有关文物专家及所在的宗祠群众代表参加听证讨论，广泛征求各方面的意见和建议。

二是建设部门在进行新集镇规划时，要把文物搬迁和复建安置纳入城乡新农村建设规划，多与文化、旅游等部门协调研究古家祠的布局、选址和重建问题，从而确保文化资源、旅游资源和生态环境的持续发展，使库区保存更多的传统建筑、文化特色、民族风情以及区域经济、文化品牌。

三是要全面保护白市水电站库区的古家祠建筑，仅靠有限的移民搬迁补偿、补助费是不够的，文物部门要积极向上级文物主管部门申请文物维修与保护经费，对现有濒危的古家祠建筑进行必要的修缮保护。

四是成立基金会或者其他组织管理好补偿和复建经费，把有限的经费用于宗祠建设与维修上，避免补偿经费被分光、用光。

2. 搬迁复建过程中保持历史文物感

在宗祠搬迁启动和搬迁过程中，文物部门要认真履行职责，督促、引导群众按照《中华人民共和国文物保护法》的有关规定，坚持“保持原貌，以旧复旧”的原则，必须在文物部门的监管、文物专家的指导下，聘请有资质的设计单位和施工队伍，按照文物工作规范对白市水电站库区涉迁祠堂进行有序搬迁和重建。

为保证质量，修复中所使用的木材都应该经过高温加压防白蚁药水处理，以达到防腐和防白蚁的效果。由于天长日久，祠堂的外墙以及接近地表的一些砖容易风化。复建时，尽量寻找同时期的旧砖来重砌，以保持历史文物感，保留更多的历史文化信息。

3. 搬迁后发挥祠堂的各项功能

“宗族的存在，在一定时期和一定范围内丰富或弥补了国家制定法律的控制机制的不足，成为一种有效的补救手段和协同方式，宗族的合理运用是国家制定法律

---

[1] 王沪宁：《当代中国村落家族文化：对中国社会现代化的一项探索》，上海人民出版社1991年，第211页。

石洞镇柳寨梯田（天柱县广体广电局提供）

的‘延伸’部分和重要的支持系统，是社会支援和规范控制的一个重要源泉，是农村社区中基本聚合力量和维持社会秩序在常态下运转的重要保证。”[1]祠堂作为宗族议事场所，其在宗族活动恢复过程中的象征性作用是不言而喻的。按照《中华人民共和国文物保护法》第四条“保护为主、抢救第一、合理利用、加强管理”的规定，在保护好古建筑文物的基础上，可以根据实际进行合理开发。依托白市水电站库区广阔的湖面发展民族文化风情与自然风光旅游，对清水江沿岸丰富的祠堂建筑进行开发利用，美化宗祠外观，增加内部设施和陈列品，变资源优势为经济优势，夯实库区和安置区经济发展的后劲，积极为移民增收致富创造条件。

充分利用祠堂的教育功能，在祠堂开展各种思想教育活动。在一些文物价值较小的祠堂内部设置文化娱乐室，如阅览室、展览室、棋牌室、音像室等。每个祠堂的正堂两侧墙上，可以悬挂着寿星榜、功德榜、能人榜、成才榜、好样榜。能荣登这五榜的，要么是致富能手、文艺人才，要么是道德模范典型、科技示范典型，从而把祠堂建设成创建群众性精神文明的窗口。

充分发挥宗祠对宗族内部事物管理的功能。处理宗族的内部纠纷，宗族内发生诸如建房、用水等纠纷后，常诉诸管理者调查调节，直至纠纷双方达到和解为止，使祠堂成为矛盾纠纷的“评议堂”、“和解堂”。

[1] 田成有：《中国农村宗族问题与现代法在农村的命运》，《法律科学》1996年第2期。

田园夕照

MINJIAN JIYI YU
LISHI CHUANCHENG
GUIZHOU TIANZHU ZONGCI
WENHUA SHULUN

【尊崇祖德　传承文明】

下编

天柱域内主要宗祠个案考察

·1·

坌处三门塘刘氏宗祠

三门塘刘氏宗祠，位于坌处镇三门塘村，临清水江而立。据传，该祠堂始建于清乾隆初年，咸同兵燹之后，于光绪年间重新修葺，民国廿二年（1933），由天柱四大画家之一的王济民设计，湖南靖州建筑师李应芳施工，对宗祠进行整修。“文化大革命”期间受到破坏，1988年和1996年刘氏族人再度对其进行维修，始成今日之势。该祠坐北朝南，建筑面积320平方米，1984年8月27日被天柱县公布为首批县

级文物保护单位，是清水江下游地区最负盛名的祠堂建筑，早已蜚声海内外，具有重要的欣赏、科研价值。刘氏宗祠是三门塘古建筑群中的主体部分，该古建筑群于2006年6月6日被贵州省人民政府公布为第四批省级文物保护单位。

宗祠的正面主体部分两侧各是三层巴洛克式的长方形柱装饰，每层是两根长方形柱夹一窗。一层的两只窗是长圆拱形的假窗，二层是窗扇深深凹进框的假窗，三层靠“昭勇将军”左右两侧又有短枋分为两层，下层各塑有一座外方内圆的西洋大钟，上层为凸雕的图案。墙顶的长方柱柱头上都有高耸的多层方形斗拱，不断缩小，远看似尖顶，这可能是被误认为是哥特式建筑的由来。正面墙上，在长方柱、半圆拱、砖枋、门柱、窗框、窗台、平脊等之上，还雕绘多种鸟兽花卉，令人目不暇接。此外，还有菱形、扇形、八字形、中国结形、方块形等几何图案。几乎每一个空隙都被精心地做了装饰，中西理念融为一体，有如用一副积木搭起的杰作。左右两面墙也是长方形、长圆拱形的假窗，凸雕凤凰等图案。

宗祠面阔12米，大门居正中，高3.1米，宽1.72米，门槛高0.3米，门框厚0.45米。门框用青石雕琢，饰有字图案。门券是长方形的立柱，斗拱形的柱头绘有麒麟图案。左右券柱上，绘有一副对联：“白水高名千秋尚在，香山重望万古犹存。”门联显然是对先祖“昭勇将军”刘旺功绩的赞扬与缅怀。门楣上方有二凤戏火焰珠的砖雕，火珠上凹雕一个“日”字。门楣上方是半圆的拱顶。拱顶和门券外的立柱构成长圆拱形门券的主体部分。半圆拱顶中，凸雕一只展翅欲翔的苍鹰，头朝正方，俯视着拱门。半圆拱顶又被纳入一个长方形砖砌框中，两个余角各塑一条飞龙。拱顶与砖框之间塑一圆珠构成传统的二龙戏珠造型。砖框上方为几层砖枋，砖枋上砌成一个长方形的砖匾，里面有“刘氏宗祠”四个凸雕大字。砖匾上方又隔几层带装饰图案的砖枋，砌成一个竖长方形带尖顶的砖龛，里面竖雕“昭勇将军”四个字。砖龛两侧塑有巴洛克式立柱，柱外为长圆形的假窗。左窗内雕有昭勇将军攻破济南城的凯旋图案，右窗内雕有昭勇将军大战灵璧城的图案。砖上方是二尺高风火山墙式的平行顶。

最值得称奇，也是该宗祠在清水江下游最为著名的原因，是宗祠门券上方两侧西洋钟外的长方柱上，以对称形式凸雕着每排十一组，每组为两个的外文字母。左侧为HN、OA、CH、PR、ON、NC、FC、TY、EL、VH、UA；右侧为UA、PR、TN、BC、CV、HO、UT、NA、VC、EO、CH。门券两侧山墙的两层长方柱上也各有一行不对称，每组两个的外文字母。左侧为五组：TH、UN、AP、OU、TL；右侧为七组：HU、NA、PR、OV、IC、BL、KE。这些字母，当地人称拉丁字母或罗马字母，至于是何语义，至今无人破译。一些北京的拉丁文字专家，说拼不出一个单词，字母留给人遐想的或许是用当地语言的一种拼音？这都只能留待来者进一步研究了。

·2·

远口街上吴氏总祠

远口吴氏总祠，位于远口镇上的清水江右岸。据《远口吴氏族谱》载，吴氏宗祠始建于清康熙四十九年（1710），清乾隆元年（1736）重修，咸同之乱毁于兵燹，清光绪十六年（1890）后，历时三十八年，合远口吴氏开基祖吴盛后裔各支系之力，共建吴氏总祠，始有今日宗祠之规模。民国十二年（1923）、民国二十五年（1936）、1990年前后，均有维修记录。该建筑坐东北朝西南，占地面积为1169平方米，实际建筑面积为980平方米。1995年4月23日，远口吴氏总祠被天柱县人民政府公布为第二批县级文物保护单位，亦是清水江下游地区保存完好且最负盛名的祠堂之一，还是清水江下游地区最早建立的祠堂之一。

整座祠堂面阔23.96米，至中殿内19.5米，通进深53米，祠以牌楼为面，左右墙上于内外殿各两极置风火山屏，高于屋脊，三层三檐；天井两侧墙高平厢楼屋脊，

一层以檐风火相屏，中殿两极部位各高11米，后殿两极各高12.5米；前天井厢楼房部位墙高7.12米，后天井厢楼房墙高6.91米。牌楼为三壁五面结合组建，中壁三面为主体，左右壁对称。中壁三层三檐三面，通高11.61米，二级高9.56米，三级高7.46米；二、三级向前伸呈斜面，互为对称，面阔各2.88米。

祠堂正门面内涵丰富，壁画、对联等体现宗族文化的符号集中于此。正大门设在吴盛像之下，有一对塑狮守护，此门由青石围成，面阔3.92米，门宽1.72米、门高3.28米、门厚0.45米。另设有两扇木门开关。大门两侧次第有三联："源远流长万古衣冠宗礼乐，兰芳贵馥千秋俎豆存馨香。""世业启岐周先德流芳绳祖武，长源从泰伯后昆挺秀振宗功。""三让肇家声泽衍来耳仍云代有传人光先德，千秋宗祀典祭别蒸尝禴禘世敦族谊启后昆。"对联讲述了古代礼仪、吴氏先祖渊源以及励志族人继承先贤遗德。正门往上约四米处有青石横书"吴氏总祠"，祠名之下有二龙戏珠雕塑，左右两边有青龙盘旋而下，煞是气派。祠名往上有八仙过海塑彩，再上竖书"泰伯流芳"。二层二檐，第二层高7.46米，面置二层方窗，左七右五，壁面满墙。牌楼中壁为雕绘画相间，以云块构图，间隙插花，立塑彩龙戏有太君辞朝、吴季子挂剑、文王访贤、刘海采樵、罗通扫北、白居易进长安、蔡文姬归汉、李白蔑视权贵、班超投笔从戎、屈原赋《离骚》、司马迁写《史记》、天仙配、渔舟姻缘、襄二送米，崔氏乳姑、三笑良情等。吴氏牌楼壁画之取材并非局限于吴氏先贤，而是神仙、文武先贤、民间故事等具有教育意义的古代人物竞相聚集，以便在教育族众之时可以有比拟的素材。同样，这种请多神聚集一堂的壁画表现形式，体现出吴氏神祇信仰中的多元化取向。

祠内三进二天井四厢楼，从正门进去，第一进为牌楼，再入为外厅，外厅与门楼之间为第一个四合天井。第三进为正厅，正厅与外厅之间为第二进个井。天井两侧有两层厢房组合相连，门楼及两大厅各有五开间。正厅靠后墙，并立五座雕有人物故事、花卉树木、飞禽走兽的彩殿，供奉吴氏祖宗牌位。梁上悬挂吴绍周将军祭奉之"至德克昌"匾额及清道光年间贵州巡抚贺长龄题赠远口延陵书院"咏烈颂

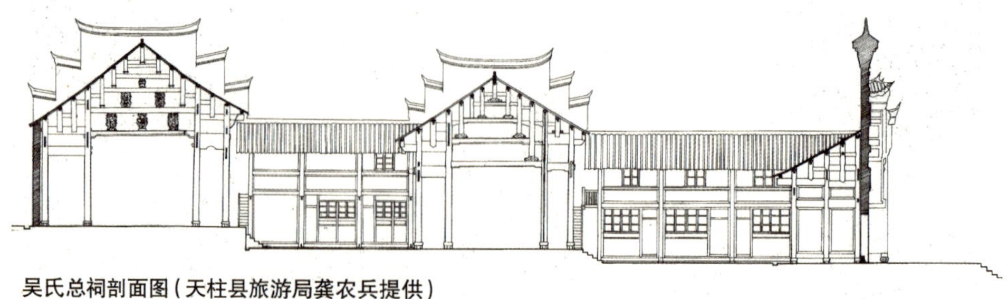

吴氏总祠剖面图（天柱县旅游局龚农兵提供）

吴氏总祠鸟瞰图（天柱县旅游局龚农兵提供）

芬”之匾额。

另外，堆放在祠堂门口的诸多石碑，诸如《让德》和光绪《重修碑记》等都非常值得研读。

附碑记四

一、《让德》

且远口有祠何昉乎？昉于邑侯洪公运兴，观备以为门邑倡也。远口无祠何昉乎？昉于逆苗渡河烧毁寝庙以启后修也。是祠特创于乾隆元年，终于同治四年。其间人文蔚起，甲乙蝉联，而于春祀秋尝，仁教诚敬之心，颇有江西钜典。冬至之日，尊始祖以配天之遗意焉。光绪己丑九月八日，各房公议条规，妥当修建盛祖宗祠，经营四载，粗有眉目，除正寝公出烟丁，过厅公出亩费外，一切木石捐项，理合勒碑。以垂永远不朽云。二十六世孙赓拜手敬撰。光绪十八年挂丹秋祭日谷旦。石匠唐恒泰。

二、《重修碑记》

且夫嫄姜立庙，泰伯与季子并兴，召歌皋门与应门继起，此天之所以开至德也。我盛祖开基远口七百有余岁矣。乾隆丙辰作之于前，光绪庚寅继之于后。厥后数年，飞寝过厅粗有眉目，而墙院牌楼缺如也。我太祖北郑，旧有向家湾门守沙洲，本年洪荒停住木植，此天之所以眷至德也。

凡我后裔，载至德荷，天庥祥也，呈麟趾美也，济斯敢不齐心协力，抽赞乐输共勷美仰，体太祖之心，以上体眷佑之天心云耳。（略捐资人名姓、数目）

所有沙头囤住木植，除归祠木二十六株，抽归祠银二百五十四两零三分，日后恐有木植囤洲，公坟不准妄折，盗抽其木归祠，如犯规者，子孙不昌云耳。

一议沙洲所留之木，祠主通信各房，公坟木植归祠。

一议各房子孙入祠，如犯规者，以各房终承是问公处。

一议祠堂务必孝悌为先，不得紊乱，如违者，罚不贷。

一议春秋二祭，入祠祭祀者，必须衣冠恭敬，不准饮酒酗事，如违公罚。

一议沙洲恐遇洪水，湾泊木排，公议每个头青椿钱一千二百，其钱归祠，不准肥己，如违公罚。

禄祖后裔子孙生员，德馨敬书。石匠蒋兴明。

大清光绪二十四年岁次戊戌月居孟夏谷旦合族立。

三、《重修远口吴氏总祠牌楼墙垣碑记》

盖闻孔子曰：“春秋修其祖庙。”诚以祖庙者，不谨以安先灵，亦所以收宗而敦族谊也。虽然，先灵之所赖以安托者，固在祖庙；而祖庙之所以赖保障者，则在牌楼墙垣，讵可任其颓毁而历久不修乎？今我远口吴氏祠者，实我盛祖后裔公共之祠也。自前人创修以来，几经先哲之善继善述，始观厥成，而历代宗祖之灵，亦咸托于是，是綦重且要乎？况自建筑以来，已越数十寒暑，风侵雨蚀，先哲之盛迹形成颓墙坏壁。是以每届岁时祭祀，各房有识之士，罔不目见心伤，倡议重修，诚所谓有其举之莫敢废也，惟是工程鸿大，经费浩繁，欲臻速效，须资共济。爰于民国二十七年九月二十二日召集各房父老昆季，开会讨论，一致赞成，公举各支办事人员，分担职务，竭力经营，不辞劳苦，一面暂支存款，鸠工庀材，开始工作，一面印刷薄据，派员募化，尤幸各房宗支，热烈赞助，应捐各款，源源而来，已为此巨大工程，仅两寒暑而大功告竣。将见崇牖复焕，内顾无虞，杰阁重新，外观有耀，将此出力人员，乐捐姓名勒诸贞珉，永垂不朽，爰特记其始末于此。

发起人：开佑、明槐、开照、会卿、恒心、礼光、作梁、会礼、化三、化麒、传富、定国、本岱、美安、光尧、绍斌、礼焕、元恺、恒隆、才德、德继、修熠、礼林、恒昌、会钊、元吉、会武、运进、宗贵、俊杰、之惠、鹤亭、本笏、本良、亲刚、剑秋、裕甫、恒贵。

经理员：礼全 会兴

督修员：开榜 本淮 裕传

文牍股：礼堂 礼才 会钰

募化股：明松、开钦、见泰、日中、锦臣、恒昌、宗尧、必清、传辉、会德、日新、治禄、会仁、桂林、荣举、顺兴、启才、志刚、松年、明成、德义。

四、《远口祠堂碑记》

盛祖遗故址，乾隆丙辰，禄、铭、雄三公后裔世居远口，始合建祠于兹。当时，别无异议，爰弓文其时，盛祖以下各派分徙较远，往来奉祀为艰，至以大制公位下世莹、世金公以后，已建祠于岑板、旧荟等处，各派相继建祠子庙。同治初年苗逆，各祠祀宇亦毁，破瓦荒芜。会白祠址，盛祖所建，子孙应合建一祠，祀我盛祖。征求各派意见，庚寅集会远口，委派首人，按部募捐。凡我族姓，按烟火敛钱。由是鸠工集材，次第而经费之，其地势则高朗爽垲，其内容则奥衍闳深，其结构则轩豁是露，数稔始落成。为正厅、为外厅、为门楼，计三进，每进各无间，以凡左右，两厢房舍具备，外环以崇墙，规模焕然一新。虽然祠为盛祖而建，正厅堂中，宜设盛祖以上神位，下及八郎公以下群祖。

嗟嗟，年代久远，志成凋谢，旧日所遗田亩、房基，各公产荡然无存，于是训道公后裔，复捐大段田亩六石，作大制公香灯之费，以广李思，自时厥后呑和有事至止斯祠。

民国四年乙卯岁菊月中浣谷旦三十六世孙见举瑞卿敬撰。

白市街上杨氏先祠

白市杨氏先祠，位于白市镇白市村，始建于清代嘉庆二年（1797），为白市杨氏后裔杨俊桂倡议族众所建。该建筑坐西朝东，四面高墙，整座建筑呈四合院状，占地面积为1719平方米，实际建筑面积为745平方米，为天柱县人民政府1995年4月23日第二批公布的县级文物保护单位之一，亦是清水江下游白市地区保存完好且较为知名的祠堂之一。

祠堂正门面多姿多彩，壁画、对联等体现宗族文化的符号集中于此。大门由四块醒目的青石围成，上方横书“杨氏先祠”，再上竖书“弘农郡”。正面两侧墙壁各塑“忠”“孝”以强调族人之忠孝观念。而在正面引人注目的还有表现杨氏宗

族文化的三副对联，即大门石柱上的："三鳣祠里有清风名与清江传万古，四知堂前迎白水寿同白石壮千秋。"大门两侧的："俊杰英雄文韬武略，桂兰馨馥子孝孙贤。""俊秀挺拔光前裕后，仓公崛起叶茂根深。"以上三联，或告之族人杨氏前贤之典故，或寓意宗族势力之强大。而最引以为傲的则是祠堂正面宣扬杨氏宗族各类英雄人物的精美壁画，包括杨洪公平南，杨怀玉救主，杨业归宗，杨延昭挂帅，杨文广夺印，杨宣娘大破白马关，佘太君百岁挂帅，杨坚立帝，杨震归宝。这些略带传奇色彩的英雄祖先显然起着非常重要的收族功能。另有醒目之"民族团结，振兴中华"横刷于大门两侧。

推开大门入内，紧靠牌楼的木构建筑为八柱戏楼，一楼一底，底层为前厅兼通道，二楼为约二十平方米的戏台。戏台中间顶部为直径约三米宽的五层喇叭形藻井，由下而上层层缩小。前沿木枋有两层木刻山水人物花草图。戏楼屋面呈悬山式，上盖青瓦，四角飞檐，戏楼顶部靠中大厅之屋面两檐角为腾龙飞角，龙须、龙鳞、龙爪、龙尾形象逼真，明晰可见。戏台之后装木壁，两侧有门进出后台及道具室、更衣室等。壁后有跑场通道，便于戏剧化妆与上下台。在电力时代到来的时代里，这里主要是族人聚众狂欢的场所，因为诸多"汉戏"会在这里上演。

走过戏楼底部，进入宏大的厅堂——中厅，六扇五开间，约150平方米，两侧靠近山墙的两扇均为五柱。硬山顶建筑，上盖青瓦。两则稍间一楼为木板装修。正中间两扇则为四柱，中柱则以四层抬梁替代，每抬梁之间有雕花厚木驼峰支持并做装饰，这使得中堂有足够的空间，便于族人观看戏剧演出或集会之用。

走过中厅进入正厅，上盖屋顶，纵向架梁。屋檐与正厅连接，立架二柱，与中厅二檐穿插连接，形成整体，为中厅进入正厅之通道。通道两侧靠墙对称地各建耳房一间，单面倒水，一楼一底，吊脚廊柱，与正厅连成一体。耳房与通道间形成两个小天井，每个约10平方米。

正殿显然是宗祠的核心所在，其面宽五间，明次间四品为抬梁架构，各五柱落

脚。根据杨氏族人口述，正殿内原设有八座神龛，供奉创建“杨氏先祠”的八位祖先，现已八去其七。仅存的一座神龛雕工细腻，它高5.6米，宽3.8米，砖石结构，三层三檐五间，中间设“杨氏先祖之位”，其上横书“清白堂”三字，再上竖书杨氏郡望“弘农郡”。先祖之位两旁彩雕龙缠柱。整个神龛雕画相间，内涵丰富，颇具文物价值及欣赏价值。而在此神龛前，为杨氏族人祭祀宗族祖先之最重要场所，古亦成为禁地。

附《祠堂碑序》

尝观天地之内，本厚则枝茂，源远则流长。可知祖宗托始节子孙，本源所自起，世系所由来也。而不谋以妥侑之所，则上无以安烈族而神报酌之恩次，无以笃族谊而尽亲爱之道，奚可哉？我朝皇上以仁孝治天下，凡普天率土，莫不有家庙宗祠之建；贵贱不一，而尊祖敬宗之心则同。我族迹起江右，派衍弘农。始祖杨洪公，自明开基，来居黔楚，一传万朝，再传华九，三传政瑛、政琮、政富，瑛、琮君墓坪，富公居新舟，自是时代相承，烟发千余，丁生万计，书香启世第之隆，子孙衍繁昌之盛，稽之会、天两地如我族杨氏亦指不多屈也。此皆先人积厚发祥，后人所宜建祠，以妥其灵，酌报于在天也。嘉庆二年秋月，有先祖如桂、昌后、中立出帖相约族众，以祖德之难忘，思建祠以奉祀。万人一心，遂择买基地，卜吉于白市场海马卸珠，我祖万朝公母妻坟茔之右。登临四眺，第见右则团珠漂浮水面，左则石马蹲踞江头；前迎武曲，波光接天；后托云山，金星挂角；且舟船蜂聚，鱼火连宵；市肆比联，灯光达旦；山环玉笋，星聚银河；真物华天宝，虎啸龙吟。诗所云“卜云其吉，终焉允臧”者，其在斯舆？于是百为俱起，不日告成。是年冬十二月，即竖建巍峨是举也。先灵有妥孝享可伸，厥后久远四时享祀。凡我族众登临庙所，习礼献仪，序昭序穆，讲让兴仁，其尊祖敬宗，敦伦笃族以及子孙久远之业，俱于宗庙卜之矣，宁非千载一盛事欤。呜呼，以前人未创之业忽焉，振作于一时，以星居散处之人群然聚祭于一室憶。先祖有灵，默启我后人时至起前散后合人杰而地亦灵乎？今祠工告竣，其功事在所必书，谨将建祠始末，经营费用，首事人名，以及先人坟墓，后裔住址，各房捐出公私银两多寡并所买基地山播等件，俱勒铭于碑，以传后人，永垂不朽，是为之序。裔孙阖族敬录。

·4·

白市新舟舒氏宗祠

新舟舒氏宗祠，位于白市镇新舟村，始建于清代光绪二年（1876），至民国六年（1917）增修，于民国九年（1920）夏竣工成今天所见者。该祠为白市舒万安后裔族众所建。该建筑坐北朝南，牌楼庄严华丽，雕琢功夫精湛，可谓祠堂建筑艺术中的佼佼者。新舟舒氏宗祠占地面积为382平方米，实际建筑面积为365平方米，为天柱县人民政府1995年4月23日公布的第二批县级文物保护单位之一，亦是清水江下游白市地区最负盛名的祠堂之一。

祠堂正面牌楼多姿多彩，壁画、对联等体现宗族文化的符号集中于此。正大门由一尺厚青石围成，上方约一米处之石板上横书“舒氏宗祠”，再上约两米处之青石板上竖书“京兆郡”。牌楼上部分分两层飞檐凌空。正大门两侧对联书法功底深厚，分别为：“先祠建新舟大壮庐江鼎族，后裔繁朗水远绵巨鹿家声。”“作忠作孝今古圣贤常在，允文允武山川风气全开。”对联显然强调了家族的迁徙与在新舟之势力，同时也强调了忠孝及文武风气之传播。与对联寓意相呼应的是牌楼上几层中的浮雕，有“岳母刺字”、“马武取洛阳”、“舒雅中状元”、“舒祗应审判冤案”、“舒文舆题奏受皇恩封牡丹赋”等，这些雕塑雕工精致，人物栩栩如生。值得注意的是，牌楼两侧面墙上的欧式圆拱窗户上方，两边各有宝塔装饰物屹立墙脊，颇为雅致。整座宗祠两侧山墙为高低错落的风火墙，呈三重檐马头墙，层层飞翘，颇具气势。

·5· 白市新舟宋氏先祠

新舟宋氏先祠，位于白市镇新舟村，始建于民国二十七年（1938），为白市新舟宋氏族众为纪念乾隆三十一年（1766）进士宋仁溥并弘扬家声所建。该建筑坐北朝南，整栋建筑虽不及本寨舒氏宗祠华丽，但因有清代进士宋仁溥，亦显气势不凡。新舟宋氏先祠占地面积为334平方米，实际建筑面积为296平方米，2002年6月23日，被天柱县人民政府公布为第三批县级文物保护单位。

祠堂正面牌楼彩绘技术精湛，为三开间式牌楼，两侧稍低。中间为大门，大门上方青石上横刻“宋氏先祠”，再上两层竖书“京兆郡”。此“京兆郡”与同寨舒氏“京兆郡”一样，然则两姓氏均取郡望“京兆郡”，显然有强强联合之意。“京

兆郡”之上，塑有唐朝宰相宋璟及清翰林院庶吉士宋仁溥之彩像。右边厢塑北宋文学家宋祁，左边厢塑战国辞赋名家宋玉。大门两侧刻有两幅豪情悠远之对联两幅，其一曰：“龙盘贡向宋祠存才名万古，寿同新舟繁荣后裔壮千秋。”其二曰：“赋梅宅地承传文明家声远，仁溥翰墨辈出英才族名扬。”对联显然激励宋氏后裔以宋仁溥为榜样，努力进入仕途，以扬族名。与同寨舒氏宗祠一样，宋氏牌楼两侧面墙上的欧式圆拱窗户上方，两边各有宝塔装饰物屹立墙脊，颇为雅致。整座宗祠两侧山墙为高低错落的风火墙，呈三重檐马头墙，层层飞翘颇具气势。

另外，值得一提的是，祠内还保存有清王朝赐予宋仁溥之“诰封碑”。碑文曰：“皇清诰赠文林郎河南卫辉府淇县知县显祖考宋公讳字连城之墓碑；皇清诰赠孺人显祖妣宋李氏之墓碑；皇清诰赠文林郎河南卫辉府淇县知县显考宋公讳延端字明显之墓碑；皇清诰赠孺人显妣宋杨氏之墓碑。”象征国家诰封之墓碑，在远离中原的边疆之地的清水江下游，并不多见。而族众把其置于祠堂，显然有重要的意义。

·6·
白市新舟吴氏先祠

新舟吴氏先祠，位于白市镇新舟村，始建于乾隆二十九年（1764），为白市新舟吴氏开基祖吴世富（江州知府）所建，后为兵燹所毁，民国二十七年（1938）世富后裔重建。该建筑坐北朝南，整栋建筑与同寨舒氏宗祠之华丽端庄大气不上下。新舟吴氏先祠占地面积为434平方米，实际建筑面积为389平方米，为天柱县人民政府2002年6月23日公布的第三批县级文物保护单位之一。

正面牌楼呈八字形展开，整面牌楼画梁雕栋，设计精湛，中西建筑风格结合，可谓家祠建筑中的精品。正门大门前左右狮子各一个，上方“吴氏先祠”刻于青石

上，祠名两旁雕刻青龙攀柱，上方塑刻各式人物花鸟，再上方竖书吴氏郡望“延陵堂”。牌楼正中顶部及两侧檐角凌空突出，其下二龙戏珠，活灵活现。牌楼正面有联三幅，其一曰：“世祖创业新舟枝繁叶茂昌万代，富公定基圣地根深蒂固盛千秋。”牌楼正面两侧标以左“孝”右“忠”，另有“民族团结”、“繁荣富强”之标语，宗族强调的忠孝，同时也在宣扬民族团结，国家富强，二者并行不悖，显然是一种有利于宗族在现代社会中得到发展的策略运用。

附《永播流芳》碑记

尝思物本乎天，人本乎祖，祖也者，犹木之有根，水之有源也。源远者流必长，根深者枝必茂。凡我皆然，况祖德宗功及于后裔者乎，然启长发其祥，报本源以敦宜隆，俎豆以荐馨香，非修祠堂不可。昔曾晰祖自南康庐山而来，继盛公宋理宗时，以言忤宰相，弃官避地于湖广远口，即今贵州天柱所属，乃盛公开基创业，启佑后人。余族历来禳源延陵，远绍诗书，继世代不乏人。吾族富公开基新舟后，子孙瓜绵，星罗棋布，散居地锁、杆子溪、炉坡、地旺等数处，内外省他县，以及远徙于川疆，指不胜屈。今富公后裔迭经提倡建祠之举，第因少数人难为力，不若众族易为功，原慷慨捐洋，集腋成裘，余因祠堂告竣，刻名于石碑，亦敬宗收族之至，意庶免数典忘祖也，是为序。

贵州行政区秘书吴序钦题。

天柱县参议员吴德盛，副乡长吴泰兴撰。

吴康墙书。

中华民国三十六年古历十一月六日立。

·7·

凤城东门袁氏宗祠

凤城袁氏宗祠，位于凤城镇东门许家巷内。始建于清光绪二十七年（1901），2005年合袁氏族众之力，进行大规模整修，成今日天柱域内少有的美观祠堂之一。该建筑坐西朝东，占地面积约624.4平方米，建筑面积526.9平方米，是天柱县人民政府2002年6月23日公布的第三批县级文物保护单位之一。

整座祠堂远观近看都美轮美奂，墙体完整无缺，牌楼气势恢宏。移步正面，是牌楼上精美的人物壁画。牌楼正面呈八字形展开，中为三层塔式直立。两柱呈三节等顶，中层两柱之间塑有圆顶假窗左右各一。祠堂大门居中，两方青石坚实撑起，上刻门联“宗系汝南卧雪家风欣接武，祠耸柱邑过江名士庆接班”。而镌刻在牌楼石柱上的对联，依然醒人耳目，由大门次第而出，分别为：“卧雪流长昔洛阳衍盛，仁风播远今柱邑呈祥。”“世衍万家春露秋霜恢先绪，族源一脉云蒸霞蔚裕后昆。”“家兴汝南有名人志士承先启后，祠建凤城出英雄豪杰继往开来。”而和对联相呼应的“民族团结，振国兴邦”也大书于牌楼的左右两侧。大门上方横一青石雕龙飞舞，再上有青石板竖印刻“卧雪堂”。至牌楼脊顶有两只麒麟拱护的寿星图

案。顶檐下方塑有双凤朝阳图，顺势而下左右各塑有仙童，左童跨凤吹箫，右童骑龙吹笛。再下有袁氏先祖历代名人塑图，旁标以名讳。人物之下，左右两龙盘旋飞舞，煞是威风，而下收以左“忠”右“孝”。

推镶玻璃之木门而入祠内，祠内整洁庄重。循两旁有精致厢房的通道到天井，天井铺以碎青石，右面立有三块修祠堂碑记，另有水井可汲取饮用水。拾三级台阶而上入正厅，三间五柱，左右两间为厢房，似有人居住。中间堂屋，设精美神龛，上奉袁氏先祖之神位。

凤城袁氏宗祠，尽管运用了现代技术进行整修，略失其传统风貌，但是仍不失为天柱县城内保存最完好的宗祠之一。

附《袁氏祠堂序》

族之有祠，以祀供祖先，如木之有本、水之有源。昭穆列先人之序，蒸尝赡后代之议，典至巨情甚渥也。恭逢国家有道，以孝治天下，士大夫家各建祠堂以妥先灵。吾族祠堂久圮，春秋霜露，不胜王谢之悲。故于光绪辛丑年，约各寨父老，价买柱城东门内许巷口二屯地作场基，至工寅春新正二十五日，内寝外庑，二厢一连以成，虽正寝以木板装于垣，石脚封砖及门牌坊尚未全举。其规模巍壮，则阴冥有所凭依，而理制郁文，精诚自无怨遮追远之意无虚，根本之枕可恪，将洋洋如在而数列，赫赫声灵以显临。一堂而上，子子孙孙，大荏馨香，阖族之中，济济跄跄，永世克孝。后此福禄来成，科甲联蝉，岂非后裔之所欲，先泽流长也哉，是为序。

·8·

渡马龙盘腊树脚陈氏宗祠

龙盘陈氏宗祠，位于渡马乡龙盘村腊树脚，始建于清代乾隆五年（1740），乾隆五十一年（1786）增建戏楼、牌楼和围墙，曾于光绪十一年（1885）、民国二十四年（1935）、2007年三次维修而成现貌。该建筑坐北朝南，占地面积1100平方米，建筑面积816平方米，2002年6月23日被天柱县人民政府列为第三批文物保护单位。

祠堂整座牌楼架构完好，蔚然可观。正面牌楼经近年维修后，人物画像、楹联等各式体现门面之雕塑焕然一新。大门由青石围成，两侧楹联分别为：“春秋俎豆

山河永，世代簪缨日月长。”“宗风丕振当日先人初建庙，祖德遐昌今朝后裔再营门。”“裂土分封浩荡渊源垂宇宙，丰功伟烈辉煌德泽震寰宇。”大门上方有巨石一块横书“陈氏家祠”，祠名上方刻二龙抢宝图，续上有八仙图塑，再上竖书“颍川堂”，紧接其上的是两级重檐翘角亭阁，亭阁四周精雕有各种花草鸟兽。牌楼顶部墙脊上塑有一对石狮，雄壮威武。

祠堂的里面，宽阔整洁，显然为族人经常打扫之故。第一进从大门而入下为过道，过道两侧各有两间储藏室。二楼为戏台，戏台后面有过道及化妆间。戏台顶部正中为直径约2米之圆拱形藻井，另有翘角阁厅与牌楼相连。移步往前，天井之后为前厅，该厅四扇三间。两侧靠山墙前后为五柱冲顶，中间两扇则四柱冲顶，中柱实为一大梁之上竖中瓜代柱子。这显然是为了开阔室内之视线和空间而构造。紧接前厅往里又为一天井，天井之后为正厅，该厅地面高出前厅约0.5米，拾三级台阶而入，构造与前厅相同，所不同者，乃其上方各瓜柱均雕刻有精美的驼峰垫撑和凤凰木雕等雕塑。而神台经过维修之后，气势磅礴，显然对族人有震慑之威。

附《陈氏祠堂记》

礼曰，君子将营室，宗庙为先。又曰，牧族故宗庙严。盖宗庙者，即宗祠之谓也。上为祖宗灵爽式凭之所，下为后裔展厥孝思之地。关系之重，诚与谱同。此孝子贤孙所以不已于修者也。溯我陈氏始祖，由江西而迁黔，落诞于天柱之度慕已数百年。人口繁衍，子孙众多。先宗老辈及卜基于本村内建立宗祠。初不甚宏厂，既而侵而辟之，拓而广之。及甲子年又补旧为新，前后三进。后时设太祖神殿。左殿设昭位，右殿设穆位。前进内竖戏楼，外修牌坊。难非丹楹刻有角，亦足以壮观瞻。矧夫前有月井相照，后有彩凤翱翔。万山朝拱，如子孙之罗列也。清流映带，知祖之绵长也。得天地之精英，钟文人之灵秀。后之等斯堂者，起敬起孝之心，有不油然而生之乎。非徒兆后世，启将来之暇昌已也，是为记。

·9·

邦洞上高野郑氏宗祠

上高野郑氏宗祠，位于邦洞镇高野村宽阔的坝子间。始建于清代光绪二十二年（1896），为上高野郑亚绪后裔所建。该建筑坐西朝东，外观墙体高耸、高低错落的白色马头墙，给人以宫殿式似的感觉。上高野郑氏宗祠占地面积519平方米，实际建筑面积456平方米，为邦洞地区最具盛名的祠堂之一，2002年6月23日被天柱县人民政府列为第三批文物保护单位。

尽管整座祠堂外体不凡，但移步正面，却给人一种荒凉之感，往昔光彩夺目之各式雕刻均已只见印迹，墙体亦是砖块裸露，而建立祠堂之碑记也懒散地靠在墙角（据郑氏族人言道，还有一块古碑被用作了洗衣石），这里显然已经很久无人经管。值得注意的是，郑氏宗祠正大门的石柱为砂石岩（清水江沿岸用的是青石，而与上高野郑氏宗祠相距一千米左右的杨氏宗祠的大门石柱也是砂石岩，这显然和就地取材有关，其背后蕴藏的信息是，宗族对所处之地的资源有一种占有和保护的野心），极易风化。而正面之对联，依然清晰可见：“宗功祖德深裕后，桂馥兰香汇

光前。”“荥阳发迹分鼎山东福建江西皆故里，玉屏生枝伶仃晃贡贵州天柱又老乡。”对联除了标榜祖荫外，亦勾勒出了陈氏之迁徙轨迹。

推门而入，满目疮痍，杂草丛生，乱木堆放，已无往日族众集会之迹象。祠内为二进一天井之木质结构，无戏楼亦无厢房。牌楼之后与前厅之间为一露天庭院，院内长有一株碗口大的白蜡树，郁葱异常。正厅地面高出前厅0.5米，四扇三间。两侧二扇为五柱，中间二扇为四柱，圆柱为上等老杉木。正厅进深8米，正中靠后墙设神位而无精致神龛，两旁有对联曰：“春祀秋尝遵万古，左昭右穆序千年。”

·10·
竹林地坌彭氏家祠

地坌彭氏家祠，位于竹林乡地坌村。始建于清代乾隆五年（1740），为地坌彭寿后裔所建。该建筑坐东朝西，外观墙体高耸完好，占地面积543平方米，实际建筑面积424平方米。2002年6月23日，天柱县人民政府将地坌彭氏家祠列为第三批文物保护单位。牌楼正面架构完好，但墙面因欠维修而日趋破败。正大门宽1.6米，门框为厚0.3米的石柱，两侧有对联两幅，紧贴门框上为："田逢流水思先泽，门向特峰蔚人文。"次而为："睦族敦亲结一家团聚，春尝秋祀修百世明烟。"思源、讲风水、讲族内团结显然是对联所强调的。

正大门上方横列一方长2米、宽1米的青石，“彭氏宗祠”四字横刻于青石中。祠名上方泥塑着一些辨别不清的人物。再上方并列三个长方形框图。居中一框竖书“寿祖流芳”，以示该祠堂为寿祖后裔，并盼发扬光大。左右两框为山水花草泥塑。

推门而入，祠堂大门后壁墙上有以鹿居中、狮居两旁的彩画。进入大门后由五级石阶上前厅，前厅两侧为小天井，前厅二楼为戏台，戏台两侧有化妆间、休息室。正厅与前厅之间有一大天井，其底部以青石铺就。天井两侧由五级石板上正厅。正厅通高9米，横面四扇三间开。有联两幅：“祀典重千秋念先公礼乐钦遵科第蝉联光祖德，祠垣经再筑俾后裔箕裘克绍人文蔚起播宗坊。”“和羹建奇勋万古家声绵斟雉，著书留旧泽千秋世业绍挥犀。”靠边墙两扇以五柱落脚。中间两扇四柱落脚，无中柱。两抬梁之上以瓜柱取代，确保正厅在祭祀之时有足够空间。正厅置神龛，其上挂有“克绳祖武”巨匾一幅。两边风火墙为石灰砖砌山墙，高出祠内木楼。两山墙为两级马头翘角。山墙墙檐之下一米见方之白色灰墙，彩绘以人物、战马、花鸟等。另有《祠堂记》陈列厅中。撰述地坌彭氏之先祖、取风水之地建祠堂、后世文昌辈出等内容。

附《祠堂记》

窃惟宗祠灵爽，全恃山川形胜；子孙福泽，惟凭俎豆馨香。欲其彝伦之攸叙，必先祀事以孔明。吾族始祖寿公落籍菜溪，相传数代，子孙繁盛。至吾高祖美玉公并美胜、美珍、美华、美若五公同迁入地坌，世守耕读，咸称得所，缘约通族卜地于村之东隅，粮田地广畴平，山明水秀，建立祠堂，门面朝峰，右有笔架，左立轿山，中现帽合，余峰如子孙侍立，形胜具在。时有青囊老叟过其地，谓是吾族后世子孙，必有大振其家声者。未几载，果尔文物入庠者，相继二十余人。食廪列成均者，亦复不少，此岂无因而至哉。柳亦先人，播迁屡遇沐雨栉风，天乃怜其苦衷，因锡之福于吾后裔耳。尚使族众能体谅先人之志，正伦理笃恩，谊洁其祭祀，荐其馨香，兴仁讲让，尊祖敬宗，则书香自可，永绍科甲，用以宏开。未然之福，子孙获于无疆矣。爰成鄙语，以记于后。

裔孙灏亭记。

·11·

坌处镇上王氏宗祠

坌处镇上王氏宗祠，位于清水江下游左岸。始建于民国五年（1916），该建筑坐北朝南，占地面积520平方米，建筑面积为478平方米，是天柱县人民政府2002年6月23日公布的第三批县级文物保护单位之一。

整座祠堂因失修而日趋破败，失去往日兴盛之景象。最富内容之正面亦已有多处脱落裸露出砖块。唯有正门及对联依旧保持往日风范。正大门由青石围成，上有门联：“槐荫得千秋衍系青箱恢燕翼，书法传万世瑞呈江左奠鸿基。”两边砖柱次第有联两幅：“昌黎言王氏郡望为详曾闻六代繁华巷口乌衣纷画栋，平族载元史

地志甚悉遽见一门鼎盛桥头嘉树号兴槐。”“忆先祖忠孝肇基历唐宋元明每著芳声积靡流光荣史册，在后昆肃雍承祀联尊卑长幼各舒诚意象贤崇德荐馨香。”纵观清水江下游家祠对联，尽管各有特色，但显然均逊色于此大气磅礴的王氏祠堂对联。大门而上，有近2米长的青石板，由清末秀才王隆永横书“王氏宗祠”，颇见书法功底。再上竖书“本支百世”。牌楼上方及两侧分别塑有八仙过海，中间是仙人跨鹤。上方石门两侧塑有双龙抱柱，两狮滚绣球，太狮太宝和少狮少宝图。右上方塑岳飞精忠报国，穆桂英挂帅；左上方塑有孟母断机杼，孟姜女哭长城等。牌楼顶部，塑有五棵大白菜。顶部两侧，花卉山水之画布满其间，惜乎已黯淡无光。

循门而入，进入人们视线的杂乱堆放的木材以加工木方木板等，显然没有族人经管或者说是整理祠内。尽管如此，祠堂内往日遗留之余韵依然吸引人的眼球。在第一进小天井两侧的墙上有两幅巨大的墨画，一为“云从龙”，一为“风从虎”。在第二进天井里，令人震惊的是铺在地上的青石板，如此多打磨有致的青石板，当年耗费必然不菲。进入后堂，有神殿三座，神位已不存，只能零星看到诸如“姬山一本”、“忠孝廉洁”、“祖德流芳”等字画。作为木材加工场所之后，祠堂内已经无法再仔细窥究。

·12·

坌处抱塘吴氏宗祠

抱塘吴氏宗祠，位于坌处镇抱塘古建筑群中，为抱塘村开基祖吴尚亨后裔所建，始建于清乾隆十二年（1747），后于民国二年（1913）、1951年、1996年均进行过象征性的修葺。该建筑坐南朝北，占地面积约300平方米，建筑面积280平方米，2002年6月23日被天柱县人民政府公布为第三批县级文物保护单位。吴氏宗祠是抱塘古建筑群中的重要部分，该古建筑群于2011年1月25日被黔东南州人民政府公布为首批州级文物保护单位。

整座祠堂尽管整体架构尚好，但已经日趋黯淡，也许这样更显出祠堂的年代久远和沧桑。移步正面，除了面壁上镌刻的字外，绘画雕塑均已脱落难辨。大门以石库门镶木门作为开关，两块竖立的青石显然使门看起来更为牢固。门联“宗祠对名山左青龙右白虎祥瑞上腾万丈焰，门前环古水襟东江袖西洲彩练直涌百川雄”。门联显然对祠堂的风水抱有非常高的期望。大门顶部以青石条把祠名隔开来，祠名“吴氏宗祠”，虽然日久，仍然是正面牌楼最为醒目之处。再上为“本固枝荣”。牌楼两侧各有三根圆形柱砖直通顶端。主牌楼两侧之副墙处各置一扇形字幅。右书“至德”，左书“流芳”。

打开木门而入祠内，内部结构尚且完好，为两进三天井平面。天井之侧置厢房。拾五级台阶而上入正厅，中设“第九十二世尚亨先祖之位”，梁上悬有嘉庆丙子年仲秋远口中团应华公后裔赠送的“僾存慤著”巨匾，鲜目异常。另外值得称赞的是，祠堂内部杉木圆柱、梁、枋虽经百年，但仍完好。可见抱塘杉木是上乘之木材。

·13· 坌处三门塘王氏宗祠

门塘王氏宗祠又称太原祠，位于坌处镇三门塘村，据传始建于乾隆初年，毁于咸同兵燹，于光绪二十四年（1898）年重建。该建筑坐东北朝西南，建筑面积为321平方米，是天柱县人民政府2002年6月23日公布的第三批县级文物保护单位之一。王氏宗祠是三门塘古建筑群中的重要部分，该古建筑群于2006年6月6日被贵州省人民政府公布为第四批省级文物保护单位。

整栋祠堂呈多棱体构造，大门居正中，高3米，宽1.7米，由青石条围成。门联曰："报本溯源丕振宗坊恢骏业，笃亲睦族重修祖庙启鸿图"，横联为"百世流

芳”，门联让族人有共同的社会和历史记忆，对宗族凝聚力塑造有重要作用。门楣上方和两侧，有八仙祝寿、哪吒闹海的图案。两扇木门的上方山墙，凹进一个长方形的砖匾，里面镌刻有“太原祠”三个鎏金大字。大字上有五棵大白菜的浮雕，砖匾两侧还各有两棵白菜的浮雕。这九棵大白菜上青下白，包卷生动，祠上雕着白菜，颇为罕见，寓意为何？这座建筑是寨中王氏宗祠的家祠，有人猜测是昭示王氏宗族的清白家风。大门左侧墙面上绘有摩诘（唐代诗画家王维）行吟图，右侧墙面上绘有秦王嬴政筑台拜王翦为将图，彰显王姓在历史上文治武功的业绩。遗憾的是，除门脸的一面墙外，其他墙体上的装饰和绘画均已毁掉。而另一副牌楼的对联颇引人注意：“当年沐雨栉风自龙标而来源远根深绵祖德，此日添丁成族归凤邑而往前光后裕荷宗功。”这幅联值得关注的是：“自龙标而来源远根深”，道出三门塘王氏一族是从“龙标”迁来的。据王宗勋考证，“龙标”应为今湖南省黔阳县。这样，这支王姓宗族从山东琅玡、山西太原、湖南黔阳（龙标）迁到贵州三门塘，其大致的迁移路线就能勾勒出来。而“凤邑”何指未见于史籍，或是对三门塘的美称。王氏在此添丁成族，成为大姓。

由大门而入，可见两进三开间的宽大厅堂，第一进为一楼一底，底层作为通道，楼层两边为客房，中间为面向正厅之戏台。越过天井，登六级青石板而入正厅，正厅大堂为王氏族人祭祀、集会和看戏之场所，宽12米，进深13米，由地面而上到屋顶，高13米，因而该厅宽敞明亮，利于开展各式活动。正堂深处据说有一精雕细琢之神龛，列放王氏先祖之神位，而今已毁。只有据传由景德镇为该祠专制的香炉钵安放于祠中供台之上。

·14·

蓝田杞寨八甲杨氏宗祠

杨氏在天柱县，共有十二甲，何以分为十二甲，并无确切的史实可考证。散落在天柱境内的杨氏八甲共有三座宗祠（另外两座为凤城镇乐寨村八甲杨氏宗祠；邦洞中高野村八甲杨氏宗祠），杞寨八甲杨氏宗祠，位于蓝田镇杞寨村，始建于清代嘉庆二年（1797），为杞寨八甲杨开基祖杨洞天、杨天平后裔所建。该建筑坐北朝南，建筑面积为360平方米，2002年6月23日，天柱县人民政府将其公布为第三批县级文物保护单位。

整座祠堂因失修而杂草丛生，日趋破败，失去往日兴盛之景象。牌楼正面正门由青石围成，门联："家绵杨氏宗风远，祠肇关西世荣长"，门之上方有"杨氏宗祠"刻于青石中。其两侧的人物画像及双龙绕柱等饰物业已损毁难辨。牌楼最上部为六角攒顶覆盖小青瓦，墙脊呈翘角，中央宝鼎屹立。另有侧联说明该建筑之风水，曰："寅作山兮钟地脉，申为向也绍书香。"

祠堂里面之构造为两进一天井。前厅为四扇三间木质建筑，明间左右各四柱落脚。前厅之后为一长形天井。正殿为四扇三间，明间四柱，次间五柱。尽管宽敞，惜乎已无人经管而杂乱无章。

·15·

高酿地良龙氏宗祠

地良龙氏宗祠，位于高酿镇地良村下寨，始建于民国二十二年（1933），为龙方和后裔所建。该建筑坐南朝北，占地面积约289平方米，建筑面积219平方米，是天柱县人民政府2002年6月23日公布的第三批县级文物保护单位之一。

整座祠堂架构尚且完好，但因失修给人以沧桑感，墙体在风吹日晒中失去往日光彩，壁画塑绘亦只留些许印迹。只有对联可依稀辨认，共有三联，由大门次第展开，分别为："世守清规敦厚周慎，祖传至□孝悌诗书"。"世泽长流同□水，后昆丕振并黔山"。"殿宇巍峨周彰祖德，衣冠绵远长绍孙贤"。大门与其他地方宗祠一样，青石相围，并无区别。大门之上横书"龙氏宗祠"，再上竖刻"武陵

堂”。

进入祠堂，祠内两进一天井，第一进为三间开，中间为过道兼前厅，四柱落脚，进深7米。第二进即正厅，进深8.56米，四扇三开间。前厅与进厅之间天井两侧有厢房连接，正厅上方悬挂“世泽绵长”匾一块。神台及其他祠内木构均已不存。祠内右侧厢房处存有《根培枝茂》、《源远流长》两块碑刻，乃民国二十九年（1940）十月吉日所立，陈述建祠经过、刊载捐资名录。

附《建祠修谱序》

尝闻建祠修谱，所以敬宗睦族，意至善也。溯我始祖旺公，发迹大龙庙貌享祀，早已隆盛于数百年之前矣。厥后子孙繁衍，星罗棋布于黔东，距离先人发迹之地几二百里之遥。春秋二祭，欲睹本支之后裔，尊卑老幼、子子孙孙、衣冠济济、礼乐雍雍于一堂者，不亦难乎？吾祖在天之灵，不无随地而格，与其远陈俎豆，孰若近建宗祠。爰于民国二十二年，岁在癸酉春三月，作遂、作彩、作三、作庆、作新、之沛、均槐、作孝、作仁、宜春、均玉、之文、之寿、之能、作鼎、家友、庆吉、作绣等，立祠于地良、浩寨。不周稔而告竣，此固若子若孙奋发敬宗之热忱，亦抑仗吾先祖灵气垂庇，以致成功之远也。祠宇虽云堂皇尊卑，终须有别。民国三十年辛巳岁，复议凑资修谱，阅数月而功完矣。此后昭昭穆穆、子子孙孙、振振绵绵、上绍先祖之芳型伟烈，下启后人枝茂流长，世世续修是所厚望于孝子贤孙也，是为序。民国三十年辛巳岁仲冬月谷旦。

·16·

渡马岩门杨氏宗祠

岩门杨氏宗祠，位于渡马乡岩门寨，有内寨杨氏宗祠和外寨宗祠两座。外寨杨氏宗祠始建于民国六年（1917），为岩门寨杨光富后裔所建。该建筑坐北朝南，占地面积456平方米，建筑面积200平方米。1986年岩门外寨杨氏后裔曾捐资5000余元进行过维修。2002年6月23日，岩门杨氏宗祠被天柱县人民政府公布为第三批县级文物保护单位。

祠堂整座牌楼架构完好。然已日渐破败，正面尽管是宗祠最体面之集中点，但诸多物事只能依稀辨见。正中石库门正上方有“杨氏宗祠”横匾，两旁有门联：“肃雍和以连四枝孝弟而已矣，陈俎豆而隔三代钟鼓云乎哉。”其余壁画均已模糊难辨，墙体已经开始脱落，方砖裸露。

推门而入，里设日常用品小卖部，似有人居住。再往后到中厅和正殿，均是杂草丛生。神龛似乎已常年不用。可观者，为建祠捐款芳名大石碑两块，族中名人赠题匾额四块。

内寨杨氏宗祠显然较外寨杨氏宗祠更缺少管理，除牌楼整体形状和风火墙尚完好之外，其余墙体裸露不堪。进得祠堂内部，尽管戏楼曾经为族众带来了诸多可观赏的“汉戏”，但电力时代到来之后，戏楼的愉悦功能逐渐为电视机所取代，因而戏楼现在成了堆放杂物之场所。中厅、正殿堆放着许多圆木，似成了木材加工之地，亦可见一些棺材堆放于此。

附碑记二

一、《根深叶茂》碑

创家祠序，昔我杨氏始祖万福公自江西吉安府太和县发迹以来，落住会同，其间蛰蛰之螽斯，实繁有徙矣。继后，我祥公之妻马氏太婆也，因氏命不辰，遭家不测，故马氏引率四子，复由会邑遂迁之凤城而托足于此壤焉。第瓜瓞繁，分居所焉，能联移一气，敦厚其本乎。独忆我珍公之后即广富也，富公一支虽谱牒已修，祠宇未立。爰约我公之后，咸集磋商修建两进于此地焉。第工浩大，原非旦夕可期，而支费著繁，岂是锱铢毕竟，爰邀一本九族之亲，量力捐资。今则功程告竣，勒碑注名，以垂万古不朽矣。余是为序。中华民国六年岁次丁巳八月初五日子时立。

二、《永古不朽》碑

且奕奕寝庙，君子作之。秩秩大猷，圣人莫之。幸祠宇已修，而公田未备，每至祀祠蒸尝愧无致敬也。纵昔所募，乐输修祠费罄，又安有余锱铢，以备蒸享之礼乎？因触目而惊心，不乐乐，不若与众乐乐之为甚也。爰约我等各将私田捐入祠内。愿为公共之，田永注□。冬至日期以为敬祖支费，上祀先宗之腆，下礼后人之心，以垂万古祭礼之日矣。民国庚申腊月吉日立。

·17·

白市北岭乐氏宗祠

北岭乐氏宗祠，位于白市镇北岭村，始建于乾隆三十九年（1774），光绪五年（1879）重建，现存为民国八年（1919）白市北岭乐氏开基祖乐元后裔乐登贤、乐德章等人督修重建。该建筑坐北朝南，占地面积896平方米，实际建筑面积为585平方米。2002年6月23日，北岭乐氏宗祠被天柱县人民政府公布为第三批县级文物保护单位。

正面牌楼虽不及白市新舟之舒氏、宋氏、吴氏雄壮精湛，但乐氏墙基用青石板砌底，其上用数米长的青石条连接铺垫，颇显大气。大门竖以石柱，门联为："入斯门勿忘昌平矩护，至此地需讲子氏伦常。"大门之上横书"乐氏宗祠"于青石板上，再上竖刻"建城侯"。左右有"天宫赐神福，一品当朝"两尊石像。顶端塑盛

开莲花一朵，上方两边有八仙过海、二十四孝、摩天岭、白玉关等人物故事浮雕。大门两侧有强调忠孝之“忠”“孝”醒目大字。

推门而入，下为通道，头上为戏楼。戏楼为木质结构。戏台呈正方形，面积约36平方米。上方为拱斗藻井，四周流苏飞檐，雕梁画栋。楼上圆顶冲天，嵌有二龙抢宝木雕。戏台靠近牌楼隔出一排平房，供化妆及乐队使用。戏台前方是一个四合天井，两侧为厢房，再往后为中殿，中殿与第一进天井有数级石梯连接，为族众集会或看戏之场所。中殿各柱岥大笔直，涂有油漆，各柱均有对联相伴，颇具人文氛围。中殿再进为第二进四合天井，再后为供殿神台，是陈列乐氏历代先祖神位之处，两侧有对联，上方有横匾。通体而言，乐氏宗祠文化氛围最为浓厚。

·18·

凤城乐寨八甲杨氏宗祠

乐寨八甲杨氏宗祠，位于凤城镇乐寨村，始建于道光九年（1829），为八甲杨氏始祖杨再焕后裔集资所建，咸同遭兵燹，后于光绪己卯年（1879）、光绪辛丑年（1901）及民国十一年（1922）三度维修。该宗祠坐南朝北，占地面积约800平方米，建筑面积约300平方米。2002年6月23日，乐寨八甲杨氏宗祠被天柱县人民政府公布为第三批县级文物保护单位。

宗祠整体架构尚存，风火墙依然完好，但年久失修，其余建筑部分已经破败，牌楼雕塑画像亦无存。宗祠门面三间，中为石库门，门联已无存。越门而入前厅

堂，可见祠内三进三间一天井，厢房与厨房俱存。据闻杨氏族众祭祖、晒谱等宗族活动依然在此举行。但奇怪的是，祖先牌位未能见到。

附《乐寨八甲祠堂记》

坪岑之下，有盘古焉，地势隆然广约数亩。昔人建祠于此，百年有余矣。道光乙丑年，负北向南，群峰耸翠，所谓三拱山也。郎水环绕，俨如玉带，水秀山明，是以当之，宜显灵公后之繁昌也。咸同年间，村遭兵燹，祠亦灰烬，宗人流离，不问祠祀者亘六年。迨升平归里，则故宫禾黍焉。于廷柱、大鹏、应章、允春、思堂、忠凝、怀典、忠清、玉林及先祖父忠和诸公，提倡重修，恢复旧美，时光绪己卯年，但有内进与四周之墙垣而已。光绪辛丑年，又有精干、益经、益森公等续修外进，建筑较前完备，非徒壮观矣，盖所以隆孝典也。自是而后，或学校，或集会，莫不籍重，岂仅祀祖先已者。民国十一年，各耆旧又扩张祠宇，宇外环以短墙，墙下栽植物花木，以为游憩之所，奈无的欵，至成虚语，前志未竟，不得不待诸后辈耳。兹更有所述者，初三大房之后裔，各有祠堂，此即长房所建。后因人事变迁，人口渐少，又相言和。今则萃于一堂，无复有畛域矣。光绪辛丑三房并入，民国己巳二房又并入，此我乐寨八甲家祠过去之历史也。考祠堂之建设，原为序昭序穆，启人子孝悌之恩，非祠堂无以为祭祀之所，非祭祠无以尽报本之心，祭祀固无不可，而祠堂尤不可无，故作祠堂记。乐寨联陞谨识。

·19·

江东街上杨氏宗祠

江东杨氏宗祠，位于江东乡江东村，始建于清代嘉庆十七年（1812），为江东杨氏政镕公后裔所建，曾于民国三十三年（1944）修葺整理过一次，“文化大革命”时期破“四旧”之时被严重损坏。该建筑坐北朝南，四面高墙，整座建筑呈四合院状。占地面积为1024平方米，实际建筑面积为974平方米。2003年3月27日，江东杨氏宗祠被天柱县人民政府公布为第四批县级文物保护单位。

现存牌楼呈一字形排建，宽15米，六柱五间开，除两山墙两柱落地外，中间四个砖柱均为悬柱，亦立在圆形假石上。正大门由六块巨大青石围成。大门内宽1.66米，高3.5米。除上、下、左、右四块青石外，在大门两上角还由两块三角状斜形巨

石围成，下接石柱，上顶横石方。这样的建造使得大门精致异常。大门石柱上曾有一对联为："清白家声传万古，四知世第永流芳"，但"文化大革命"时换成"伟大的毛泽东思想万岁，伟大的中国共产党万岁"。大门上方曾横书"杨氏宗祠"，再上竖匾"弘农郡"。但文字和壁画一样均已经脱落难辨，只有孤零零的五角星仍是非常醒目。显然在过去的岁月里，祠堂这种神圣之地，也是国家权力需要进入的场域。

祠内的戏台、天井及厢房目前均保存完好，只是长期作为江东乡粮仓，结构已被改变。祠内地坪石板亦完好，柱基圆石亦能见到诸多石刻十二生肖。值得一提的是，祠内木质结构的木料为杉木，质地非常高，有的圆柱有一抱之大，可以想见，在近年清水江下游地区，木材资源依然是质地良好和丰富的。令人沮丧的是，虽然该祠堂已被官方确认为文保单位，但并不见政府投入资金进行维修，所以尽管外观尚属完好，但祠内已经失去了诸多祠堂所应具备的要素，取而代之的是杂物横放、杂草丛生。在和乡民的交谈中，我们得知，乡民显然期望着政府资金的介入，以便恢复祠堂旧日面貌，这也是大多数天柱域内宗祠所面临的尴尬境地。

·20· 远口青云杨氏宗祠

青云杨氏宗祠，连体上下两座，位于清水江边的远口镇青云村，上杨氏宗祠始建于乾隆五十九年（1794），下杨氏宗祠建于光绪三年（1877），青石板砖木结构，为云潭湾开基始祖杨通诚后裔所建。1970年清水江大洪水淹毁了大部分建筑。该祠堂坐南朝北，两座宗祠占地面积约1393平方米，建筑面积773平方米。2003年3月27日，青云杨氏宗祠被天柱县人民政府公布为第四批县级文物保护单位。

田野调查时，据杨氏耆老描述，两座祠堂曾经牌楼雄伟壮观。门联为："恪守家风即是光宗耀祖，勿忘遗训勉为孝子贤孙。"牌楼雕塑有八仙、民间二十孝故事、薛仁贵征东、薛丁山征西、杨氏历代保家卫国英雄人物形象图。遗憾的是，现今这两座杨氏宗祠，已破败不堪，祠堂里面杂草丛生，屋梁摇摇欲坠，甚至连石雕都已经跑到清水江对岸的草丛中。在访谈时，杨氏族人迫切希望能重建宗祠。

·21·

竹林高坡潘氏家祠

高坡潘氏家祠，位于竹林乡高坡村，始建于清代乾隆元年（1736），毁于咸同兵燹，光绪三十三年（1907）重建，为高坡潘崇后裔所修。该建筑坐东朝西，外观墙体高耸完好，占地面积675平方米，实际建筑面积527平方米，为天柱县竹林地区较为知名的祠堂之一。2011年3月22日，高坡潘氏家祠被天柱县人民政府公布为第五批文物保护单位。

牌楼正面架构完好但已日久欠修。墙边堆放着三块古碑，碑名分别为“昭兹来许”（道光二十二年）、“作述流芳”（民国二十年）、“以享以祀”（民国二十

年），记录着建祠史迹及捐资名录。宗祠牌楼面宽14米，三间开，正大门为四块青石框围。两扇木门开关，大门上方之人物塑像已脱落难辨，再上横刻“潘氏宗祠”于2平方米的长方形青石上，再往上，从印迹来看，多为人物、花草塑像。大门两侧主墙与副墙之间各有一圆形砖柱直通牌楼顶部。两砖柱上各浮雕金龙一条自上盘柱而下，两龙头伸向大门上框正中，作二龙抢宝图。而于牌楼犄角有龙、狮、鲤鱼等动物雕塑。

入得正门，祠内另以木质牌楼呈现。门楼之下为通道，有五级石板梯上前厅，石梯两侧各有一个小天井。前厅为三开间，两中扇为四柱，两边扇五柱，为前厅留出较大空间并直通瓦下。前厅二楼两边临天井处，各有一个约3平方米的斗室，板壁严封。族人说，此斗室为从前关押不肖子孙之处。前厅与正厅之间有一长约4米、宽2米的落水天井。天井两侧各有一楼一底之厢房前后厅相连。厢房前有石阶通向正厅，该厅面积90平方米，三间开，两侧五柱，中间四柱。正厅正中靠后墙处保留有一个长3.6米、宽1.8米的神台，供奉潘氏先祖神位，从第十五世族开始排列到二十九世祖，这些默默无闻的牌位，显然记录着潘氏在高坡的流变过程。而这也是该宗祠最为引人注目的地方，因为在天柱域内，这样完好的牌位保存已经很少见，但在这里，这些祖先牌位还整齐地排放着。

·22·
远口夏寨罗氏先祠

夏寨罗氏先祠，位于远口镇夏寨村，始建于乾隆四十九年（1784），为夏寨罗氏实义、实和二公后裔所建。该宗祠坐西朝东，占地面积1508平方米，建筑面积458平方米。2011年3月22日，夏寨罗氏先祠被天柱县人民政府公布为第五批文物保护单位。

罗氏先祠建筑以风水闻名，修筑于夏寨虎形界前右脚掌上，前对宝鼎界，后靠凉柳山，右倚青杠峰，左傍大溪岸，视野开阔；祠堂坎脚，稻田阡陌，坡斗溪由南向北，绕祠半周，如玉带缠腰。四周用青砖封砌，前厅、正厅均四扇三间，硬山顶、木质结构，四合二进。祠堂门楼上方，镶嵌一块长2米，宽1.5米的青石板，上

刻“罗氏先祠”。牌楼正面，绘有传说中的人物、神仙、罗家战将及花鸟虫鱼彩图。经过近年的修葺，该建筑已是美轮美奂。

入得正堂，可见龛台两侧，雕有一对左右对称的抱柱倒挂金龙，金龙翘首仰视龛台上方正中的一颗硕大的浑圆木雕红宝石。红宝石两侧，有展翅欲飞之金凤凰，金爪护在宝石周围，怒视金龙。据闻，红宝石为其送于罗家祠宝物，不允金龙抢夺。另外，该祠也是天柱域内少见的祖先神位整齐排列的祠堂之一。据田野调查问询得知，夏寨罗氏每年春秋二飨之祖先祭祀活动已经展开。

附《家庙叙》

夫家庙之制，命自天朝，积累之功，实由先人。盖必祖德宗功，代累于先，而后春祀秋尝，特隆于后。先人积德以昌后，后人竭诚以报先，此肖子贤孙，情之所必至者。夫使堂构攸属而继起无人，不得谓为善述也。吾族自祥公来斯，长发其祥，子孙振振，瓜瓞绵绵，务耕读而昭作述者，历世不替，爰建祠堂，以将孝享钜典，宏模由来远矣。在昔寝室蜗形，春秋拜祭，难容位下子孙。祠宇恢广，两栋鼎新，遮几祖妥昭穆，兴工于乾隆甲辰之岁，竖立于庚戌榖旦之期，不敢丹其楹刻其桷，御风雨以通日月，亦若以道德为广，居以仁义为安，宅以诗书礼乐为藩篱，以学问文章为堂构，父老率于先族，幼赞于后，议鸠工、议庀材，经之、营之、筑之、捄之。凡厥族人，须念本源，重务各宜，共展孝思祠堂，巍巍不妨黝垩之工，庙貌峨峨宜极轮奂之美。从此，式凭有地，祀事祭典，当崇家庙，肇成前日之洪都宜壮。我族虽居南隅，仕宦不敢云多诗书，亦能世习尊祖敬宗之心，无贵贱一也。况当今圣朝以孝治天下，薄海内外，登贤路隶仕版者，无不纶褒封赠，以光祀典。凡属田夫野老，束帛频施，多方优恤，迪天下以孝悌，而咸跻于仁寿。为人后者，敢不溯流寻源，觇末察本，稍伸继述之。忱以仰体国家之盛典，以绍我先人志哉。偕我族人，颂祠宇之落成，庙貌诚壮千秋，当其春秋祭祀，晤祖宗于一堂，神保是享亲云耳，于百世子孙，其绳敢曰：如翚斯飞攸宁，其如是乎，还愿充闾，佑启再为光显，匪特祖功宗德于万斯年，抑且承先启后，维新昭代，设有观风问俗者，至将舞掌而叹赏曰：此仁孝后裔之，当为也与哉。是为叙。十五世孙庭菜薰沐敬叙。

·23·

坌处抱塘粟氏宗祠

抱塘粟氏宗祠，位于坌处镇抱塘古建筑群中。为抱塘村粟氏先祖子能后裔所建。始建于清乾隆十八年（1753），后于光绪二十二年（1896）抱塘大财主毛宝老爷捐修过一次。该建筑坐南朝北，占地面积约300平方米，建筑面积168平方米。粟氏宗祠是抱塘古建筑群中的重要部分，该古建筑群于2011年1月25日被黔东南州人民政府公布为首批州级文物保护单位。

打开木门进入祠内，内部结构尚且完好，第一进即门楼兼过堂，两侧各有一个约8平方米的小天井，后进厅即为正厅。神台已是简陋不堪。在与粟氏族人的交谈中，我们得知，他们正在捐资整修，但亦希望有政府的资金介入。

·24· 渡马老街杨氏宗祠

老街杨氏宗祠，位于渡马乡老街，始建于清代乾隆十二年（1747），咸同兵燹毁坏，光绪年间重建，“文化大革命”时期因被视为“四旧”对象受到冲击，近年经过杨氏族众的捐资修葺，又重现了往日辉煌。该建筑坐北朝南，目前占地面积1200平方米，建筑面积578平方米。

祠堂经过重修之后，整栋宗祠架构完好。牌楼人物画像、楹联等各式体现门面之雕塑焕然一新。走进该祠堂，首先一轮围墙围成一个庭院，庭院有门厅，门上有联曰“弘扬四知美德，承传清白家声”，上有“弘农堂”。

打开平日紧锁的铁门，入得庭院，面观祠堂，大门左右有两座狮子守门，大门由青石围成，两侧楹联分别为：“祖镇圣地根深叶茂兴华夏，祠临渭水源远流长振乾坤。”紧接着大门两侧是圆柱，圆柱有联曰：“弘农世第贯古今源□□，文炀伟绩壮乾坤惊天地。”穿过“忠、孝”，又有圆柱，上有对联曰：“纵贯历代经邦济世德勋先祖，横连四海报国匡民敦睦后昆。”横过山水画和门窗，直到牌楼边缘柱子，亦有联曰：“渭水戏犀牛仰观金凤登高岭，灵山隐太白俯瞰文星步龙阁。”此四联，强调了杨氏先祖的丰功伟绩，也表达了杨氏族人经邦济世的理想，同样说出了该地风水引来文曲星的愿望。大门上方有二龙戏珠，再上一块巨石横书“杨氏宗祠”，祠名上方有将军骑马图，再上竖书“弘农郡”。又上有杨氏先祖官员塑像，接着是菱角楼檐，精雕有各种花草鸟兽及神仙。这些立体的雕塑可观赏度颇高。

祠内现代化气息颇浓，已经除去青石而代之以水泥地板，圆柱亦是水泥浇筑之后再涂之以漆。然而，经常实施的宗族活动，使得祠内干净整洁。正厅立有杨氏先祖神位，为杨氏祭祀之地。

弘農郡
楊氏宗祠
弘農堂
承傳清白家聲
弘揚四知美德
民族团结

·25· 社学桥联伍氏宗祠

社学伍氏宗祠，位于社学乡桥联村，为公旺公后裔集资所建，始建于清乾隆年间，后毁于咸同兵燹，于宣统元年（1909）重建。该建筑坐北朝南，占地面积632平方米，实际建筑面积529平方米，近年大规模维修过一次，是现存天柱县城周围最为完整的祠堂之一。

祠堂正门面经过维修后精彩绝伦。大门两旁鎏金塑有雄狮一对，煞是威武。大门由四青石围成，上方横书“伍氏宗祠”，再上竖书“安定郡”。正面两侧墙壁

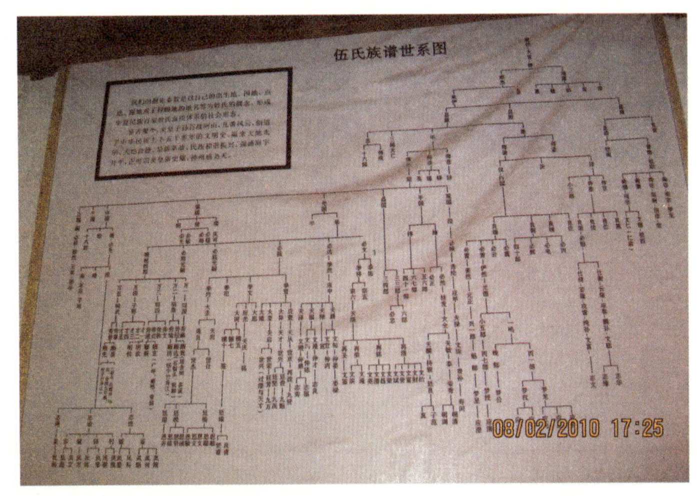

各塑“忠信”“孝悌”以强调族人之忠孝观念。正面牌楼有联显示宗族的历史与功绩，大门石柱上有联曰：“庙重吴山根深则叶茂，祠临朗水源远而流长。”大门两侧依次排开有联三幅：“举树伍氏宗功恩厚光华夏，员青吾族英烈德高耀春秋。”“祖山紫气东来绚染金滩千古秀，安定灵光南耀恩垂玉宇伍氏尊。”对联显然是宗祠文化中最为重要的部分之一，因为其功能不仅仅是告诫族人家族的变迁史，往往也是文化水准的一种体现。所以，对联的收集和研究显然不容忽视。而注塑在牌楼前面的各种人物雕塑，也具有重要的意义。在伍氏的正面牌楼壁画中，集中了龙凤图案、八仙图案。值得注意的是，壁画中还塑有伍子胥的图像，显然这是明代以降溯族的一种策略，即把姓氏祖先附于历史名人身上，这是当时宗祠修建和宗谱纂修的一种常见现象。

推开大门而入，祠内布局与其他天柱域内祠堂无异，墙壁中画有伍氏族系吊线图，也画有伍氏迁徙图，最终说明的是天柱伍氏的来龙去脉。然而，尽管该祠堂刚刚经过外表的修葺，但里面的神龛布局却不尽如人意。神台在伍氏族人看来，或许可有可无，并不像清水江沿岸的一些祠堂一样，有完整的神龛。或许这种弃神龛而装裱祠堂牌楼的举措，反映出一种社会变迁族人心态的变化，即宗族的祭祀已经慢慢失去了过去固有的社会功能，但表面的功夫显然又不能输于其他宗族。

·26· 凤城雷寨欧阳宗祠

雷寨欧阳宗祠，位于凤城镇雷寨村。始建于清代乾隆二十八年（1763），为雷寨欧阳氏仲公后裔所建，该建筑坐东朝西，占地面积210平方米，实际建筑面积200平方米。

整栋祠堂现已成平房，无牌楼，亦无风火墙。大门依然是石库门，但若不是大门前上方有“欧阳宗祠”字样，已经比较难分辨是否是祠堂。另外亦有门联：“阳春三月渤海后裔虔祭祖，盛世华年仲公子孙齐耀宗。”显然这是一年一度春祭留下来的对联。

而入得祠内，已经是人居场所，里面的摆设和布局，完全失去了宗祠元素。即已经是一户人家居住的地方。整个雷寨除看到的几个欧阳氏宗祠遗址外，也都失去了原有的祠内元素。

·27·

凤城巴州陆氏宗祠

巴州陆氏宗祠，位于凤城镇巴州村，始建于清代嘉庆二十一年（1816），1997年为贵州、湖南两省陆氏族人集资进行修葺。该建筑坐北朝南，占地面积为210平方米，实际建筑面积为200平方米。

经过修葺的宗祠雄伟完好，走进祠堂，正面牌楼给人以清新的感觉，各种壁画、彩塑清晰醒目。大门由四块青石围成，上方横书“陆氏宗祠”，再上竖书“河南堂”。大门两侧有联曰：“鹿洞文章光万古，昆山俎豆耀千秋。”除此之外，整栋牌楼全是砖瓦结构，并无其他彩塑绘画。据说在重修的时候，均有彩绘，但因日晒雨淋之故，现已全部脱落。

祠内分为外厅与正厅，原正厅据闻有雕梁画栋，并有金龙抱柱的神龛及宋帝光赐匾“宋陆二门”，且有诗配曰“南宋三贤第，钱塘陆相家”。另外据说原祠内还有四人合抱的大鼓和一个一米多高的铜鼓以及一只鼎都在“文化大革命”被破了“四旧”。而当我们田野调研的时候，该祠堂已经作为酒厂厂房而被出租。

·28· 社学平衙吴氏宗祠

社学吴氏宗祠，位于社学乡平衙寨。始建于清代乾隆四十五年（1780），为社学吴氏轩公后裔所建，于2002年进行了全面维修。该建筑坐北朝南，占地面积320平方米，实际建筑面积212平方米。

拾阶而上，祠堂前有一坪院，院门有联曰：“树发千枝根共本，江流万派水同源。”开门进入院坪，祠堂立于坪后。牌楼面阔三间，三级重檐。大门由四块青石围成，门柱两侧有联曰：“泰伯高风传万代，轩公后裔发千支。”大门之上方横

竖“延陵堂”，次上竖刻“吴氏宗祠”门坊，门坊两侧有山水画数幅。门坊之上最高处设置轩公半身石像。大门上方左侧面墙刻有“三让风，泰伯让天下，季扎让国家，照公让家业”、“三让高风颂于千秋，标于青史，书于宗谱，昭如日月”等字幅。另外，刻有季扎、轩公、政公、开公等吴氏先祖和一些龙凤图画像于牌楼之上。吴氏的符号在天柱域内的宗祠表现上最为突出。

祠内构造为二进，另有天井。第一进为四扇三间木楼。中间为过道。第一进之后有一个30平方米左右的天井。天井靠后殿墙面安放有十一块捐修祠堂碑记。天井两侧各有8级石阶上正殿，亦是四扇三间木楼构造。正殿明间正中靠后墙前设一供台，上有石板雕刻的吴氏祖先泰伯、轩公、开公、礼公、武公的石像以供祭祀，显然吴氏族人对于祖先的祭祀甚为重视。

·29·

渡马龙盘冲头陈氏宗祠

龙盘陈氏宗祠，位于渡马乡龙盘村冲头，始建于清代乾隆四十二年（1777），经过累次维修而成现貌。该建筑坐北朝南，占地面积600平方米，建筑面积510平方米。

祠堂整座牌楼架构完好，蔚然可观。正面牌楼经近年维修后，人物画像、楹联等各式体现门面之雕塑焕然一新。大门由青石围成，两侧楹联分别为："报功报德俎豆馨香咸在是，别昭别穆衣冠礼乐聚于斯。"紧接着大门两侧是圆柱，圆柱有联曰："聚族三千余口天下第一，同居五百多年世间无双。"对联显然为陈氏族众展示了先辈的团结和宗族的强大。大门上方有一块巨石横书"派衍颍川"，祠名上方刻二龙抢宝图，续上有八仙图塑，再上竖书"聚星堂"，紧接其上又有双凤灵鸣，再上重檐翘角亭阁。大门往两侧牌楼八开面精雕有左右麒麟两只，往上有各种花草鸟兽及神仙，牌楼窗面由下往上分别有"忠信，孝悌"、扇形花鸟、窗子、屋檐。

入得祠堂里面，宽阔整洁，显然为族人经常打扫之故。第一进从大门而入下为过道，过道两侧各有两间储藏室。二楼为戏台，戏台后面有过道及化妆间。移步往前，天井之后为前厅，该厅四扇三间。两侧靠山墙前后为五柱冲顶，中间两扇则四柱冲顶，中柱实为一大梁之上竖中瓜代柱子。这显然是为了开阔室内之视线和空间而构造。紧接前厅往里又为一天井，天井之后为正厅，正厅置有陈氏先祖神位，据族人言，每年都有祭祀活动在此展开。

聚星堂
孝
忠信

·30· 渡马新坪陶氏宗祠

新坪陶氏宗祠，位于渡马乡新坪村，始建于清代道光九年（1829），咸同兵燹毁坏，光绪年间重建，“文化大革命”时期又被毁坏，从2009年开始重建，我们考察调研之时大体竣工。该建筑坐北朝南，建筑面积261平方米。

祠堂经过重修之后，整栋宗祠架构完好，蔚然可观。牌楼人物画像、楹联等各式体现门面之雕塑焕然一新。大门由青石围成，两侧楹联分别为：“系自尧帝支起安公播恩远，祠开昆仑宇环泾水启运长。”紧接着大门两侧是圆柱，圆柱有

联曰："五柳福荫在族荣享尧祖日万里，百梅贤孝绵世永遵泰哲训千章。"越过"忠、孝"，又有圆柱，上有对联曰："翼城衍瑞祖德遐昌文经武伟昭史志，彭泽发祥宗风丕振凤翥龙腾馥馨香。"横过山水画和圆形窗子，直到牌楼边缘，亦有联曰："瑞起丹阳巍巍祠阙重新靖节家声传万代，霞明碧翼鼎鼎藻邱炳焕安公翰誉著千秋。"此四联，内容丰富，有族源的诉求，有祖先的荫德，有迁徙的流变等等寓意。大门上方有二龙戏珠，再上巨石一块横书"陶氏宗祠"，祠名上方有八仙图塑，再上竖书"丹阳郡"，再上两重檐翘角亭阁，精雕有各种花草鸟兽及神仙。除此之外，整座牌楼有各种神仙画像，也有当朝一品的陶氏先祖画像等。总体来看，该祠堂美轮美奂，可观赏度颇高。

·31·

凤城润松周氏宗祠

润松周氏宗祠，位于凤城镇润松村坝寨，始建于民国十二年（1923），为润松周氏政用公后裔所建。该建筑坐北朝南，占地面积403平方米，实际建筑面积103平方米。

整栋建筑的主体架构尚在，两边风火墙亦存。只是年久失修，现在已经是墙体裸露，破败不堪。在正门，我们只能看到“周氏宗祠”和两边的水墨画，大门的石库门亦尚在，但窗子已然被改装过。因此，应该说，周氏宗祠的牌楼已经不复存在。

而祠内也因长年无人管理，现已是杂草丛生，各种祠堂内部结构的元素已经不复存在。这种情况是天柱凤城润松一线宗祠的代表。换言之，也就是说，这一带的祠堂都已经破败闲置。

·32·

渡马桥坪罗氏总祠

渡马罗氏总祠，位于渡马乡桥坪村，始建于清代道光五年（1825），1991年罗氏族众对其进行过维修。该建筑坐东朝西，占地面积为520平方米，实际建筑面积为410平方米，是湘黔川罗氏宗族的总祠，也是天柱域内现存涉及族众跨省份最多的祠堂之一。

经过修葺的宗祠雄伟完好，远观颇似西洋教堂。走进祠堂，正面牌楼给人以清新的感觉，各种壁画、彩塑清晰醒目。大门由四块醒目的青石围成，上方横书“湘黔川罗氏总祠”，再上竖书“豫章郡”。大门两侧依次排开是三副对联：“忠孝流芳先祖先贤护社稷，豫章昌盛后裔后秀振神州。”“乔木发千支岂非一本，长江流万脉总是同源。”“堂势尊严昭奕代祖功宗德，孙枝繁衍承万年春祀秋尝。”以上

三联，或告之罗氏族人之支脉分衍，或寓意宗族势力之强大。绕过对联往上看，两边均有一个拱形圆窗，再往上在牌楼正中两侧则是欧式风格一样的尖顶耸立，这应该是天柱域内为数不多的欧式风格祠堂之一。除此之外，就是各种彩塑，包括龙凤、古代名人、神仙。这些雕塑比较奇怪的是，尽管各种人物都有，但佛教菩萨却未曾在天柱域内的祠堂牌楼的彩绘中出现。这一点和祠堂以儒家为中心，显然是一致的。

另外值得讨论或者注意的是，湘黔川罗氏总祠是天柱域内少有的总祠之一，从名称上来看，显然包含了湖南、贵州、四川三地的罗氏，换而言之，湘黔川三省之罗氏总祠堂即立于此。这种多省共祠的现象在西南地区比较少见，这对于研究祠堂跨区域的聚合功能、联宗功能、组织模式以及迁徙历史将提供非常重要的注脚。

附《新总祠祠规》

——本祠堂是我族尊祖爱幼的活动中心，根据国家有关法律法规，随时开展教育族人守法。

——本祠一年至少开展一次祭祖活动。

——本祠开展活动的经费由各地族人集资解决。

——本祠各地推选的代表，随着时代的推移，必须推举出年轻代表，以老带幼，承继下去。

——本族的所属族人要做到族谱统一，字派统一，宗祠统一之三统一。

——坚决执行族规家训，对出现违规犯族规者，祠堂主持人应立即召集各地代表集会进行处理。特别是虐待父母和卖儿卖女者，从严处置。

·33·

远口潘寨罗氏宗祠

潘寨罗氏宗祠，位于远口镇潘寨村，始建于光绪二十四年（1899），乔林公后裔、上五房幸海公、下五房秀臣公子孙共同修建。该祠堂坐南朝北，进深11米，面阔14米，建筑面积154平方米，占地面积约350平方米。

由于年代久远，以及“文革”时期的破坏，牌楼所谓的写意绘画已模糊不清。倒是大门撰写罗氏宗祠的上方之硕大的五角星，显示出“文革”时期对所谓“四旧”的改造力度。

至2008年6月6日，罗氏族人集中祠堂晒谱，族中各房提议，整修宗祠，其族人积极响应，每户按男丁、媳妇八元出资。现建成水泥地面，墙面复修、围墙亦维修、祖先灵位摆放已定，门联“祖德辉煌照日月，宗功灿烂寿河山”亦恢复，另置餐桌二十余套，供族中举行公共活动之用。目前，该宗祠业已进入罗氏宗族正常的管理，春秋二祭之宗族活动也已如期举行。

·34·
地湖岩古吴氏宗祠

岩古吴氏宗祠，位于地湖乡岩古村，始建于光绪年间，初为木质结构，乃吴学蛟后裔所建，解放后作为村中小学，“文化大革命”时被拆毁，1970年地基为族人吴某占用作宅。2011年族众集资7万余元重新建成现貌。该宗祠坐东朝西，占地面积约300平方米。

祠堂经过重修之后，整栋宗祠架构完好，蔚然可观。牌楼人物画像、楹联等各式体现门面之雕塑焕然一新。大门由青石围成，两侧楹联分别为：“盛祖后裔建盛

世，雄公子孙展雄风。”紧接着大门两侧是圆柱，圆柱有联曰：“肇自周章得姓氏世敦族谊光先德，由来黄帝种因缘地利人和裕后昆。”越过麒麟头像，又有圆柱，上有对联曰：“世业启岐周治国齐家多俊杰，长源从泰伯继往开来有贤良。”此三联，内容丰富，有族源的诉求，有祖先的荫德，亦有子孙跃跃欲试展宏图、建设美好河山之寓意。大门上方有二龙戏珠，再上一块巨石横书“吴氏宗祠”，祠名上方有八仙图塑，再上竖书“泰伯流芳”，再上两重檐翘角亭阁，精雕有各种花草鸟兽及神仙，美轮美奂，可观赏度颇高。

另外，吴氏族人已经开始了每年的春秋祭祀，宗族活动也已有序展开。

附《功德碑序》

尚闻人本乎祖，木本乎根，追本溯源，乃人报恩之常理，修祠建宇为聚众祭祀必备之场所。宗祠亦系中华民族之特色文化。

追溯吴公讳学蛟于大清乾隆年间从黄田徙大坪定居，枝繁叶茂，瓜瓞绵绵，至今繁衍十四代，其子孙分居岩古肖家庄马坪佑家，并播迁湘黔滇各村寨，现人口逾千。后裔兴旺发达，人才辈出。先祖曾于光绪年间在岩古兴建木质祠堂一座。供本族祭祀先祖之用。解放后变成了学校，至“文化大革命”时被拆毁，1970年有吴某在此基上作宅。

今欣逢盛世，国泰民安，百废俱兴。正值千载难逢之际，欣慰吴会粹宗贤主动将几经辗转之宅赠归原主。庚寅（2010）年六月六日聚众议立重修组，即拟计实施方案。族裔、外戚众闻皆悦，不多日，便集、捐得启动资金七万余元。当年九月十八日请来湖南隆回胡桂华艺工签约施工，至次年清明节竣工。总用时半年，耗资十四万余元。今日仰观，楼台亭阁雕龙画凤、经典故事栩栩如生，精彩至极。

·35·
渡马龙盘周氏宗祠

龙盘周氏宗祠，位于渡马乡龙盘村，始建于清代乾隆四十二年（1777），为周万六郎后裔周灿瑶等人捐修祠宇三楹，乾隆五十四年（1789）再立厅堂天井，外竖石门牌坊。同治三年（1864）遭苗乱兵燹破坏，光绪七年（1881）修葺。“文化大革命”时期，以破“四旧”名义为“小闯将”捣毁。2009年重新开始集资，于2011年建成现样，共花费计人民币70余万。该建筑坐北朝南，占地面积500平方米，建筑面积380平方米。

祠堂整体架构现以钢筋混凝土铸成，非常牢固。正面牌楼，人物画像、楹联等各式体现门面之雕塑焕然一新。大门由青石围成，两侧楹联分别为："秀启濂溪世泽遐昌荣俎豆，芳腾细柳宗风丕振焕门阁。"紧接着大门两侧是圆柱，圆柱有联曰："周氏以国为姓起根深源远，人口排序在十前枝茂流长。""传承正修齐治平喜历代英才遍天下，宝重忠孝和勤俭听周门美誉播五洲。"对联显然为周氏族众展示了姓氏渊源及宗族之强大。大门上方有巨石一块横书"周氏宗祠"，祠名上方刻二龙抢宝图，续上有八仙图塑，再上竖书"汝南堂"，紧接其上又有双凤灵鸣，再上重檐翘角亭阁。大门往两侧牌楼八开面精雕有左右麒麟两只，往上有各种花草鸟兽及神仙，牌楼窗面由下往上分别有"忠信、孝悌"、扇形花鸟、窗子、屋檐。

·36·

坌处兴坡潘氏宗祠

兴坡潘氏宗祠，位于坌处镇长滩村兴坡寨，始建于光绪二十七年（1901），初为围墙式砖木结构，民国三十年（1941）坌处乡将它作为粮仓，封存至民国三十八年（1949）。1958年兴坡小组又将其改为公共食堂。“文化大革命”时期，红卫兵以破“四旧”为名，将宗祠神台及浮雕铲除，由此破败。至1995年，潘氏族众集资重修成现貌。该宗祠坐东朝西，建筑面积约124平方米。

整栋宗祠为三开间，中间为燕窝式，大门用青石围成，门联为：“燕翼贻孙谋，周汉伟绩衬万古；箕裘开世绪，晋宋卓望著千秋。”二龙戏珠于大门上方，再上则为青石篆刻“潘氏宗祠”。其上又现二龙抢宝图，图之上方，竖立青石镌刻有“本支百世”。而牌楼其他雕塑已脱落难辨，顶部为四开两对黄牛角状物。宗祠左右两侧围墙为三级马头式翘角，每级马头高度层层递减。内墙以石灰粉刷，左右可见“忠、孝、廉、节”四个大字，外墙右侧绘有人物画像，可见“黄忠带箭”四字。左侧有花鸟鱼虾的绘画。宗祠内部无阶梯、无厢房、无天井。

· 37 ·

社学田心寨王氏宗祠

社学王氏宗祠，旧时又称王氏龙塘总祠，位于社学乡田心寨，始建于清代道光五年（1825），起初为两进三间，砌廊封窨。清咸同年间毁于姜映芳兵燹，于光绪三十一年（1905）重建。据称该次重建之后，祠堂美轮美奂，为天柱县城周围最为精致的祠堂之一。惜乎时到“文化大革命”，被以破“四旧”的名义，惨遭毁坏。现存王氏宗祠，为2003年王氏族人再次修葺而成。

祠堂正门有联曰："庆衍三槐屡代忠臣登硕辅，荣承四杰历朝孝子至公卿。"进得铁门，牌楼两侧又有联曰："秋水飞龙如今尚得墨池在，寒冰跃鲤终古从知赤体存。"而祠堂里间，存放着王氏先祖排位，可见王氏族人时常以祠堂为中心拜祭祖先。

王氏整栋祠堂为现代建筑，先筑砖房，再外封瓷砖，现代化气息异常浓厚。这样，祠堂随着现代化观念抑或是建筑材料的改变而改变的风范，将成为以后天柱域内祠堂重建的主要风格之一。

附录

《修祠志》

圣朝以孝治天下，海内从风，莫不以尊祖敬宗为首务，况祖庙为先灵式凭之地乎。吾于家祠既成之日，回忆创始之初，幸有族公能厚等身任其责，不畏其劳，于道光五年岁次乙酉列薄捐资，六年命匠经营，赖诸公之勤督，幸族姓之齐一，不三载而告厥成功焉。予躬亲协修，倘不叙明诸公执掌之苦心，朝朝之勤劳，后之因祠而修谱者，何以知祠之始于何代，创于何人也？今将诸公名字开列于左：

——创祠总理首士

通地（字能厚），光寿（字映华），光义（字作仁），光怀（字思尧），光杰（字士豪），光乐（字作善），光助（字土相），光惠（字蓂明），光训（字映甲），昌荣（字尊显），胜刚（字秉乾）。

第十四世孙必桂谨志

时维光绪三十一年岁次乙巳 小阳月 重刊

《捐祀祠并观学田记》

盖闻祀祠之会，原以奉祭蒸尝祖考遗业，永垂孝思模范。今我田心寨先人遗有观学田一丘，祀祠田一丘，历来久矣。兹合族重修祠谱，有好善乐施之孝子贤孙者，愿捐祀祠田数畴，多寡有殊，施吝自见，每逢春秋二祭，各备粢牲，衣冠整齐，供飨英灵，俾春露秋霜，聊达本源之念，而宗功祖德，允锡荣显之庇，俎豆馨香，螽蛰衍庆祖，赖后嗣之乐捐，沾先祖之庇佑。是为记。

今将首士芳名列左：

城墙内观学畦一丘，收花六石，税一亩二分正；

官舟田一丘，收花四石，载税八分；

高图坡冲岭畛一丘，收花二石，税一分；

广魁捐龙塘田一丘，收花五挑，税五分。

· 38 ·

社学桥联何氏宗祠

社学何氏宗祠，位于社学乡桥联村，始建于清宣统元年（1909），为宗吐、宗玉、宗礼三公后裔集资所建。该建筑坐北朝南，占地面积597平方米，实际建筑面积489平方米，1997年维修过一次，是现存天柱域内最为小巧精致的祠堂之一。

祠堂正门面多姿多彩，壁画、对联等体现宗族文化的符号集中于此。大门由四块醒目的青石围成，上方横书“何氏宗祠”，再上竖书“庐江堂”。正面两侧墙壁各塑“忠信”“孝悌”以强调族人之忠孝观念。而在正面引人注目的还有表现杨

氏宗族文化的三副对联，即大门石柱上的："枝繁叶茂瓜瓞绵长尚赖根源稳□，建功立业族旺家兴皆承祖宗昌荣"，大门两侧的："宗前金凤照楼鉴江源远流长大兴庐江鼎族，祠后南坡高哨平根锺毓吉地永隆何氏家声。""战国韩碱危难指水成何姓流传万代，庐江贵胄吉安会同定天柱万古长春。"以上三联，或告之族人杨氏前贤之典故，或寓意宗族势力之强大，更为重要的是，这些对联所体现出来的文化水准，在天柱域内的宗祠对联中可谓翘首。显然祠堂大门的对联也是宗族之间文化较量的一种表现。另外，值得一提的是，整座祠堂一眼望去，宝鼎式的牌楼和圆拱假窗、塔柱，颇有罗马教堂之风格，这和三门塘的风格颇似，在天柱域内这两座宗祠显然又受西洋建筑风格的影响，其背后反映出来的恐怕是此两族人均有族人外出留洋的可能。这对西洋文化在天柱域内的传播或可起到了很关键的作用。

推开大门而入，祠内布局与其他天柱域内祠堂无异，唯可思考的是祠内已经被改造为木材加工之地，问及族人，言之租于商家。这和我们看到的凤城很多祠堂一样，神圣的祠堂禁地很多都作为了商业用地，这或可也是天柱域内祠堂所展现出来的经济功能，或者说是祠堂的一种现代化走向。它再也不是俨然肃静默默无闻的建筑，在社会经济发展的现代社会里，除了保佑族人之外，还为族人带来现实的利益。

·39·

远口黄田吴氏分祠

黄田吴氏分祠，亦称祁山祠，位于远口镇黄田村，始建于民国十六年（1927），为远口吴氏雄公后裔所建，“文化大革命”时期破“四旧”之时被严重损坏。该建筑坐东朝西，砖木结构，四周围以风火墙，建筑面积约300平方米。

现存牌楼呈一字形排建，宽13.5米，三进三层。第一进12.1米，第二进1.8米，第三进8.3米。正门上方，现今能看到的是比较破损的祠堂，而门柱上也已经写上了“大海航行靠舵手，干革命靠毛泽东思想。抓革命促生产，要斗私批修”不太押韵的、有“文化大革命”痕迹的对联。

祠内呈梯形，内进神龛供奉先祖牌位和龙凤绕柱的投影依稀可见。但经“文化大革命”时期的破坏，多年来未曾维修，已是满目疮痍。目前，黄田吴氏族众正在集资试图维修。

附《计开谱费余积》

道鹏公位下、道鹗公位下、道鹤公位下

廷储公位下、廷儹公位下、廷任公位下

进纨、进继

以上数房余费，自道光七年合约蓄积，至道光十六年，本利尽付，首人修理，其有进绍、进统二公位下，易去之费，来钱开列于后。进绍公位下钱九千文，克炳名下来钱二千文，学蛟公位下钱十二千，公裔学鸿公位下钱十五千四百四。

修祠执事，首人文烈、克楦、彩彰、增棣、克学、士馨、文学、克清、德配、文杰、克池、经书、增海、崇候、会之、开半。

·40·

竹林菜溪彭氏宗祠

菜溪彭氏宗祠，位于竹林乡菜溪村，始建于民国二十九年（1940），该建筑坐西朝东，砖木结构，建筑面积约240平方米。

目前，该栋建筑风火墙完整。牌楼正面尽管有被严重破坏的痕迹，但绘于上面的人物图像及其他鼓励族人的图案依然可见，从当中的内容可知，绘图取材以孝悌为主。大门则因“文化大革命”时期拆毁无存，仅有“彭氏宗祠”四字横刻门框之上，依然十分醒目。

祠堂之内，杂木乱放。当年修筑祠堂之后，族中文人所赠诗句依然可见，但“彭氏历代高曾祖考（妣）神位”已经因为雨淋而模糊不清。

附《祠堂碑记》

尝思祖庙钟灵，必资垣墉巩固，子孙繁衍，全凭俎豆馨香，祀事孔明。荐时食于祖考，彝伦攸叙，洁祀典于蒸尝，诚善继先人之事，善述人之事者也。溯我兴照公拔楚来黔，落籍柱城义里，兴家创业，卜基清水菜溪，人杰地灵，荷山川之毓秀，丁多族大，承祖宗之潜扶，建筑祠堂供春秋之仪礼，修其祖庙奉昭穆之英灵，尊祖敬宗，溯其源而追其远，兴仁讲让，行其礼而奏其乐，宗庙礼行，子姓班联，玉笋鞠躬升降，祖宗鉴格，时㦤愿祖德以垂灵，人文鹊起，祈宗功而默佑甲第蝉联，是为序。同宗裔孙开科敬撰。

今将祠堂地基内外二进系月刚公后裔私业。

前昌首：宏敬，开选，开林，开运。后倡首：开德，开源，先卿，泽钊。

月刚公后裔捐洋之名列左：开选九十八元四角，开化一百一十八元，开治一十七元一角，先炳七十七元一角，开佐四十七元二角，开祥六十元，开汉四十七元六角，泽沛七十六元九角，开正十九元四角，开元一百一十二元，善培五十二元两角，泽钊一百一十三元，开礼四元，开蘭八十三元七角，开明七十八元八角，泽雨一百一十二元，开林七十二元三角，开道二十六元四角，先甲六十二元四角。共捐洋一千二百七十八元五。

佐刚公后裔捐洋之名列左：开运一百零二元二，宏富九元七角，开德一百零一元八，开伦四十七元一角，宏教六十元零四角，开顺一百三十五元，开隆一百二十三元，开文四十七元一角。共捐洋六百二十六元三。

任锡公后裔捐洋之名列左：守祥七十二元，守昌六十七元七角，守良五十一元四角，守盛七十二元。共捐洋二百六十三元。

隆刚公后裔捐洋之名列左：开堂一百零四元二，先贵四十一元二角，先荣四十一元二角。共捐一百八十六元。

爱刚公后裔捐洋之名列左：身少保二十元，松发七元二角，金玉一十七元九角，开科三元五角，共捐洋四十八元六。

兴照公后裔大众会洋二百九十八元，又住菜溪私会洋二百八十六元。

中华民国二十九年岁次庚辰孟冬月吉日立，李大知敬书，李文通敬勒。

·41·

社学芹香黄氏宗祠

芹香黄氏宗祠，位于社学乡芹香村，始修年代不祥，原为砖木结构，于2011年完成重修，花费人民币40万元，尚缺大门的完善。该建筑坐南朝北，建筑面积316平方米。

祠堂整体架构现以钢筋混凝土铸成，外貌呈徽派建筑特征，六柱五间格局。正面牌楼，人物画像、楹联等各式体现门面之雕塑焕然一新。大门两层，外以两柱缠雕飞龙构筑，上方横书“黄氏宗祠”。内成门状，两边有联曰“祠映金山古刹晓钟万里华夏旺族松苍翠柏，宇依连云茨岭龙飞凤翔神州国姓人杰地灵”。

祠内装修已毕，左壁绘以八马图，右佩八仙过海画。正厅中设有“黄氏先祖神位”，塑三尊黄氏先祖石像立其上。同样有联赞曰：“上溯五千神州旺族根深叶茂，下沿万载华夏国姓源远流长。”祠内最引人注目者，当属新添置的乒乓球桌等健身设备。在天柱域内的祠堂，逐渐有一种趋势，即祠堂不但将作为族众祭祖活动中心，也将成为族众日常娱乐的生活空间。

·42·

社学白毛寨吴氏宗祠

白毛寨吴氏宗祠，位于社学乡红卫村，始建年代或为乾隆四十年（1775），为尚明公后裔集资所建。该建筑二进三间一天井，坐西朝东，建筑面积202平方米。

整栋祠堂除风火墙尚完好之外，祠堂正门面多姿多彩的壁画、对联等体现宗族文化的符号因多年失修而荡然无存。大门由四块青石围成，而今却已无门可做封闭之用。走入祠堂之内，可见到内中各种牲畜的脚印，显然，这里已经不是所谓的宗族禁地，亦无人经营与管理。只有数根木柱子依然撑起了祠堂架构。而可以明确知道此为吴氏宗祠的标志，即为厅堂后墙上的“先祖吴季札像”及其附于图旁的简介，另有吴氏从始迁祖吴盛以下之吊线图（简单族谱）绘于墙上。由此而外，祠内已别无他物。

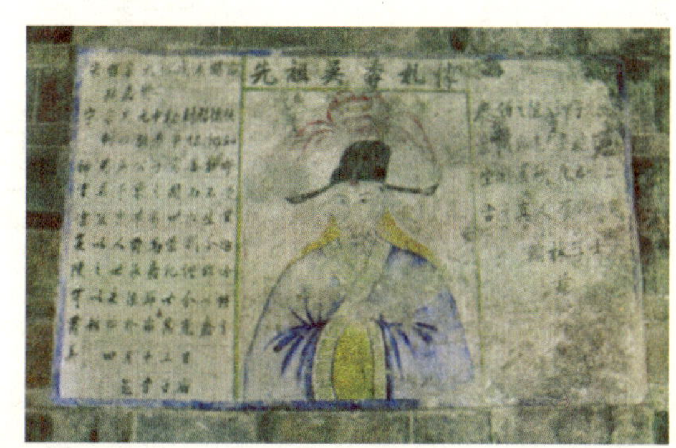

·43· 社学芹香杨氏宗祠

芹香杨氏宗祠，位于社学乡芹香村，始修年代不祥，为社学政道公后裔所建。该建筑坐西朝东，长17.4米，宽12.1米，建筑面积210平方米。

从外观来看，祠堂建筑并不雄伟，既无精美的牌楼，也无宣扬家族的对联或是雕塑，仅有风火墙及其上的壁画，另外非常引人瞩目者，当属建祠堂所用的砖，每块砖上印刻有“杨家祠”三字，这在天柱域内的祠堂建筑用材上，显然比较独特，想来当初杨氏族人为了建立祠堂，而生产了这种独特的用砖。

外观尽管看似寒碜，但祠堂内部，从留下来的遗迹来看，可谓雕梁画栋，在木质结构的屋檐上，雕工精湛十二生肖图、麒麟图以及凤鸟图，现在看来亦栩栩如生。尽管关注天柱域内祠堂者，对该祠堂知之甚少，我们所能见到的资料中均未提及该祠堂，但就在我们前往调查的时节，已经能看到杨氏族人粘贴红色，以示对祖先的敬意，从每年六月六的这种“鞠躬”来看，杨氏族人颇有重建祠堂的意愿，然则何时成为现实，却不得而知。

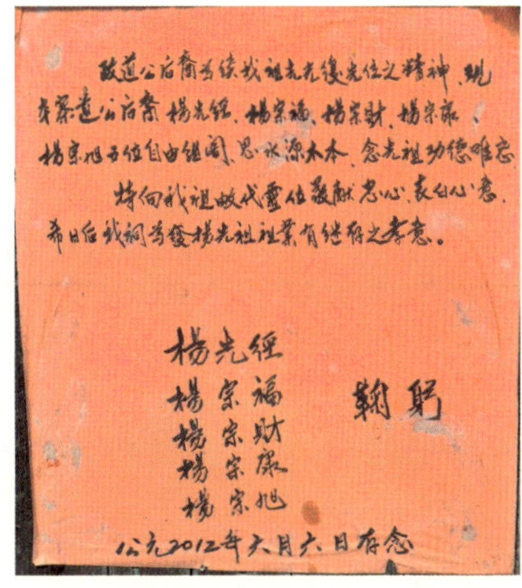

·44·

高酿三寨罗氏宗祠

三寨罗氏宗祠，位于高酿镇三寨村。光绪癸卯年（1903）肇造正宇，丙午年（1906）筑封墙垣，丁未年（1907）续修外室，宣统庚戌年（1910）接建门楼。祠堂占地面积一亩，实际建筑长24.2米，宽15.9米，共385平方米。

民国年间进行过规模庞大的维修活动。民国二十二年（1933）冬，补修内进墙垣三面，付去大洋肆百捌拾肆元；二十三年（1934）秋，改修外进两山墙垣并屋宇三间，付去大洋伍佰伍拾捌元；二十四五年（1936）冬，加修厨房寝室五间并筑封三面墙垣，付去大洋叁佰捌拾肆元伍角陆仙；二十六年（1937）秋，重修排坊并大门匾联，付去大洋陆百肆拾肆元；二十七年（1938）冬，增修祠门外周围矮墙。经

过维修，祠堂甚为宏伟精致，尤以对联出众。祠堂牌坊正门联为：“湘水着芳微，百代人文资庇荫；黔山隆孝祀，一堂孙子庆熾昌”。门上正匾“忠孝堂”；再上横书“罗氏宗祠”。牌楼外墙门联：“发扬民族主义，丕振罗氏家声”，横匾“木本水源”。侧门联：“往来惟肖子，谈笑有贤孙”，横匾“以昭雍睦”。耳门联：“户小人由便，墙低志立高”，横匾：“咸亨”。厨室门联：“饮水思源地，荐馨崇德门”，横匾：“积厚流光”。后门联：“无心朝北斗，有意望南山”，横匾：“出恭入敬”。对联既表述了罗氏追本溯源的诉求，也对族人提出了希望，更多的还是激励族人的奋斗理想。

然而，“文化大革命”期间，祠堂基本毁成现貌，罗氏族人在近三十年的时间里，再也不问祠堂维修事宜，直到最近我们在对他们的访谈中，才隐约感受到老年族人强烈的重建祠堂的愿望。

MINJIAN JIYI YU
LISHI CHUANCHENG
GUIZHOU TIANZHU ZONGCI
WENHUA SHULUN

【尊崇祖德 传承文明】

附录

宗祠统计表
罗氏宗祠记

天柱县宗祠统计表

序号	地址（乡镇、村）	名称	堂号	始修时间	倡修者	面积	所属民族	资料来源	备注
1	凤城镇东门社区	袁氏宗祠	卧雪堂	光绪二十七年（1901）	袁兆昆、袁献廷等	占地面积624m² 建筑面积529m²	侗族	实地调查	2002年6月21日县级文保单位（现有袁氏族人租住）
2	凤城镇乐寨村	杨氏宗祠	弘农郡	道光九年（1829）	再焕公后裔	占地面积850m² 建筑面积300m²	侗族	实地调查	2002年6月21日县级文保单位
3	凤城镇雷寨村	欧阳氏总祠	渤海堂	乾隆二十八年（1763）	广涧公后裔	占地面积210m² 建筑面积200m²	侗族	实地调查	族人居住
4	凤城镇雷寨村	欧阳氏兴元公宗祠	渤海堂	乾隆三十二年（1767）	兴元公后裔	占地面积180m² 建筑面积140m²	侗族	实地调查	破败闲置
5	凤城镇雷寨村	欧阳氏兴旺公宗祠	渤海堂	乾隆三十二年（1767）	兴旺公后裔	占地面积150m² 建筑面积120m²	侗族	实地调查	破败闲置
6	凤城镇雷寨村	欧阳氏兴忠公宗祠	渤海堂	乾隆三十二年（1767）	兴宗公后裔	占地面积171m² 建筑面积142m²	侗族	实地调查	破败闲置
7	凤城镇雷寨村	杨氏宗祠	弘农郡	乾隆三十二年（1767）	庆发公后裔	占地面积210m² 建筑面积200m²	侗族	实地调查	木材商品加工厂坊
8	凤城镇雷寨村	周氏宗祠	汝南堂	乾隆四十二年（1777）	受化公后裔	占地面积808m² 建筑面积280m²	侗族	实地调查	白酒生产商租做生产坊
9	凤城镇乐寨村	杨氏宗祠	弘农郡	乾隆三十四年（1769）	金最公后裔	占地面积500m² 建筑面积380m²	侗族	实地调查	破败闲置
10	凤城镇老寨村	杨氏宗祠	弘农郡	道光十七年（1836）	政道、政遵二公后裔	占地面积850m² 建筑面积300m²	侗族	实地调查	曾经用作学校，政府办公场所，仓库，烤烟场所
11	凤城镇润松村	陆氏宗祠	河南堂	嘉庆二十一年（1816）	大成、公达、天忠等	占地面积1500m² 建筑面积200m²	侗族	实地调查	原祠毁后于上世纪九十年代重建（现做白酒生产厂房）
12	凤城镇润松村	周氏宗祠	汝南堂	民国十二年（1923）	政用公后裔	占地面积403m² 建筑面积103m²	侗族	实地调查	破败闲置

续表

序号	地址（乡镇、村）	名称	堂号	始修时间	倡修者	面积	所属民族	资料来源	备注
13	凤城镇西门社区	蒋氏宗祠	三圣堂	嘉庆二十年（1815）	永成公后裔	不详	侗族	实地调查	同治三年（1864）毁于兵燹
14	凤城镇东门社区	肖氏宗祠	和州堂	嘉庆元年（1796）	东溪公后裔	不详	侗族	实地调查	已毁无存
15	邦洞镇上高野村	郑氏宗祠	荥阳堂	光绪二十二年（1896）	亚绪公后裔	占地面积519m² 建筑面积456m²	侗族	实地调查	闲置
16	邦洞镇街头馆塘	杨氏宗祠	弘农郡	道光三年（1823）	政隆、政滔公后裔	不详	侗族	《集成》第458页	已毁无存
17	邦洞镇街上	杨氏宗祠	弘农郡	道光三年（1823）	再贤公后裔	不详	侗族	《集成》第458页	已毁无存
18	邦洞镇谌家湾	谌氏宗祠	五里堂	道光五年（1825）	益用公后裔	不详	侗族	《集成》第458页	已毁无存
19	邦洞镇坌溪寨	姜氏家祠	渭水堂	民国年间	大化公后裔	不详	侗族	实地调查	现为章程小学
20	邦洞镇观周村	杨氏宗祠	弘农郡	康熙三十四年（1695）	杨政遇、杨能盛等	占地面积617m² 建筑面积480m²	侗族	实地调查	现为观州小学
21	邦洞镇赖洞村	张氏宗祠	清河郡	不详	文鳌公后裔	不详	侗族	《集成》第466页	民国八年（1920）拆毁
22	邦洞镇摆头村	杨氏宗祠	弘农郡	不详	通朝公和歇团通雷公后裔	不详	侗族	《集成》第471页	已毁无存
23	白市镇新舟村	舒氏宗祠	京兆郡	光绪二年（1876）	万安公后裔	建筑面积321m²	苗族	实地调查	1995年4月23日县级文保单位
24	白市镇新舟村	吴氏先祠	延陵堂	乾隆十年（1746）	世富公后裔	占地面积434m² 建筑面积389m²	苗族	实地调查	2002年6月21日县级文保单位

续表

序号	地址（乡镇、村）	名称	堂号	始修时间	倡修者	面积	所属民族	资料来源	备注
25	白市镇新舟村	宋氏先祠	京兆郡	民国二十七年（1938）	宋仁溥后裔	建筑面积296m²	苗族	实地调查	2002年6月21日县级文保单位
26	白市镇北岭村	乐氏宗祠	冰壶堂	乾隆三十九年（1774）	元公后裔	建筑面积550m²	苗族	实地调查	2002年6月21日县级文保单位
27	白市镇岩坳村	杨氏宗祠	弘农郡	嘉庆七年（1803）	政年公后裔	建筑面积200m²	苗族	《集成》第507页	已毁无存
28	白市镇地祥村	袁氏宗祠	卧雪堂	道光三年（1823）	仕才公后裔	不详	苗族	《祠韵》第162页	咸同兵燹被毁
29	白市镇白市村	杨氏先祠	弘农郡	嘉庆二年（1797）	俊桂公后裔	占地面积1719m² 建筑面积745m²	苗族	实地调查	1995年4月23日县级文保单位
30	白市镇北岭村	姚氏宗祠	重华堂	嘉庆年间	瑾公后裔	不详	苗族	《集成》第206页	已毁无存
31	白市镇汶溪村	姚氏宗祠	重华堂	光绪十七年（1891）	琼公后裔	不详	苗族	《集成》第206页	仅存残迹
32	蓝田镇杞寨村	杨氏宗祠	弘农郡	嘉庆二年（1797）	洞天、天平二公后裔	建筑面积360m²	侗族	实地调查	2002年6月21日县级文保单位
33	蓝田镇杞寨村	杨氏宗祠	弘农郡	嘉庆二年（1797）	均太公后裔	建筑面积301m²	侗族	实地调查	破败闲置
34	蓝田镇都甫村	梁氏宗祠	保善堂	民国三十八年（1949）	道相公后裔	建筑面积229m²	侗族	实地调查	破败闲置
35	蓝田镇都甫村	杨氏宗祠	弘农郡	民国三十八年（1949）	通金公后裔	不详	侗族	实地调查	已毁无存
36	蓝田镇都甫村	罗氏宗祠	豫章郡	民国三十八年（1949）	通文公后裔	不详	侗族	实地调查	已毁无存

续表

序号	地址（乡镇、村）	名称	堂号	始修时间	倡修者	面积	所属民族	资料来源	备注
37	蓝田镇杞寨村	刘氏宗祠	彭城堂	不详	文贵公后裔	不详	侗族	实地调查	已毁无存
38	石洞镇黄桥村	杨氏宗祠	弘农郡	不详	光德公后裔	不详	侗族	《集成》第574页	尚存
39	石洞镇	龙氏宗祠	不详	不详	不详	不详	侗族	《祠韵》第26页	已毁无存
40	石洞镇水洞村	欧氏家祠	平阳堂	不详	田三公后裔	不详	侗族	《祠韵》第40页	尚存牌楼残顶
41	高酿镇章寨村	刘氏宗祠	彭城堂	宣统元年（1911）	必亮公后裔	不详	侗族	实地调查	1958年被毁，1991年重建
42	高酿镇地良村	龙氏宗祠	武陵堂	民国二十二年（1933）	方和公后裔	占地面积289m² 建筑面积219m²	侗族	实地调查	2002年6月21日县级文保单位
43	高酿镇地良村	龙氏宗祠	燕府堂	不详	宗礼公后裔	不详	侗族	实地调查	尚存
44	高酿镇地旺村	袁氏宗祠	卧雪堂	不详	不详	不详	侗族	《袁氏族谱》卷一《祠堂》	已毁无存
45	高酿镇三寨村	罗氏宗祠	豫章堂	光绪二十九年（1903）	不详	占地面积600m² 建筑面积385m²	侗族	实地调查	破败闲置
46	高酿镇上花村	龙氏宗祠	不详		六公后裔	不详	侗族	实地调查	重建
47	高酿镇界牌村	王氏宗祠	三槐堂	不详	不详	不详	侗族	实地调查	破败闲置
48	远口镇街上	吴氏总祠	延陵堂	乾隆元年（1736）	世禄、世铭、世雄三公后裔	占地面积1169m² 建筑面积980m²	苗族	实地调查	1995年4月23县级文保单位

续表

序号	地址（乡镇、村）	名称	堂号	始修时间	倡修者	面积	所属民族	资料来源	备注
49	远口镇潘寨村	罗氏宗祠	豫章堂	光绪二十四年（1899）	顺发公后裔	建筑面积350m²	苗族	实地调查	修葺完好
50	远口镇黄田村	吴氏分祠	延陵堂	民国十六年（1927）	世雄公后裔	建筑面积300m²	苗族	实地调查	尚存
51	远口镇青云村	杨氏家祠（上）	弘农郡	乾隆五十九年（1794）	禧公后裔	两祠堂占地面积1393m² 建筑面积773m²	苗族	实地调查	1970年为大水冲毁
52	远口镇青云村	杨氏家祠（下）	弘农郡	光绪三年（1877）	禧公后裔		苗族	实地调查	破败闲置，2003年3月7日县级文保单位
53	远口镇夏寨村	罗氏先祠	豫章堂	光绪二十二年（1896）	应祥公后裔	占地面积508m² 建筑面积458m²	苗族	实地调查	2011年3月22日县级文保单位
54	远口镇中团村	陈氏宗祠	颍川堂	不详	裕乾公后裔	不详	苗族	《集成》第633页	不详
55	远口镇中团村	吴氏宗祠	延陵堂	乾隆四十七年（1782）	荣、金、瑞、祥等五大房共建	建筑面积500m²	苗族	实地调查	1958年被毁
56	瓮洞镇街上	胡氏宗祠	安定堂	道光七年（1827）	景春公后裔	不详	苗族	实地调查	仅存残垣
57	瓮洞镇平溪庵渡	潘氏宗祠	荥阳堂	不详	万祥公后裔	不详	苗族	《集成》第662页	不详
58	瓮洞镇大段村	蒋氏宗祠	三圣堂	民国十四年（1925）	世杰公后裔	不详	苗族	实地调查	文革期间被毁，仅存残垣
59	瓮洞镇梭坪村	孙氏宗祠	乐安堂	不详	堂公后裔	不详	苗族	《祠韵》第33页	已毁，仅存石门柱及石磉
60	社学乡桥联村	伍氏宗祠	英烈堂	乾隆年间	公旺公后裔	占地面积632m² 建筑面积529m²	侗族	实地调查	同治三年毁于兵燹，宣统元年重建，现做木材加工厂房

续表

序号	地址（乡镇、村）	名称	堂号	始修时间	倡修者	面积	所属民族	资料来源	备注
61	社学乡桥联村	何氏宗祠	庐江堂	宣统元年（1909）	宗吐、宗礼、宗玉三公后裔	占地面积597m² 建筑面积489m²	侗族	实地调查	1997年维修，现做木材加工厂房
62	社学乡田心寨	王氏宗祠	三槐堂	道光五年（1825）	景端公后裔	不详	侗族	实地调查	同治初年毁于兵燹，光绪三十一年重建，文革期间又毁，2003年重建
63	社学乡平衙寨	吴氏宗祠	延陵堂	乾隆四十五年（1781）	尚清公后裔	不详	侗族	实地调查	墙垣风貌尚好，2003年平衙寨吴氏族人出资重建
64	社学乡白旄寨	吴氏宗祠	延陵堂	乾隆五十二年（1787）	尚明公后裔	占地面积320m² 建筑面积212m²	侗族	实地调查	破败闲置
65	社学乡长团村	杨氏宗祠	弘农郡	不详	杨德铨等	建筑面积452m²	侗族	实地调查	2001年二月初二日竣工，重建集资人4925人
66	社学乡芹香村	杨氏宗祠	弘农郡	不详	政道公后裔	建筑面积210m²	侗族	实地调查	破败闲置
67	社学乡桥联村	黄氏宗祠	江夏堂	不详	再魁公后裔	建筑面积316m²	侗族	实地调查	重建完好
68	坪地镇沿街村	杨氏家祠	弘农郡	不详	光忠公后裔	不详	侗族	《集成》第713页	已毁无存
69	坪地镇石更村	杨氏家祠	弘农郡	不详	通朝公后裔	不详	侗族	《集成》第717页	已毁无存
70	坪地镇	龙氏家祠	武陵堂	不详	不详	不详	侗族	《祠韵》第26页	已毁无存
71	坪地镇清溪街	张氏宗祠	清河堂	不详	不详	不详	侗族	《祠韵》第32页	已毁无存
72	渡马乡老街	杨氏宗祠	弘农堂	乾隆十二年（1747）	大朝公后裔	占地面积1200m² 建筑面积578m²	侗族	实地调查	重修完好
73	渡马乡龙盘村	陈氏宗祠	聚星堂	乾隆五年（1741）	仁高、满、泰、松四公后裔所建	占地面1100m² 建筑面积816m²	侗族	实地调查	1880、1883、1926年数次修建，2002年6月21日县级文保单位

续表

序号	地址（乡镇、村）	名称	堂号	始修时间	倡修者	面积	所属民族	资料来源	备注
74	渡马乡龙盘村	周氏宗祠	汝南堂	乾隆四十二年（1777）	周灿瑶等	占地面积600m² 建筑面积500m²	侗族	实地调查	重建完好
75	渡马乡龙盘村	陈氏宗祠	聚星堂	乾隆五十二年（1787）	仁辅12世孙所建	占地面积600m² 建筑面积501m²	侗族	实地调查	重建完好
76	渡马乡岩门村（内寨）	杨氏宗祠	弘农郡	民国四年（1915）	通珍公后裔	占地面积600m² 建筑面积400m²	侗族	实地调查	存放着木材和棺材
77	渡马乡岩门村（外寨）	杨家宗祠	弘农郡	乾隆二十四年（1759）	通珍公后裔	占地面积248m² 建筑面积200m²	侗族	实地调查	2002年6月21日县级文保单位
78	渡马乡岩门村	罗氏宗祠	豫章郡	民国十三年（1924）	秀实公后裔	建筑面积120m²	侗族	实地调查	破败闲置
79	渡马乡新坪村	陶氏宗祠	丹阳郡	道光九年（1829）	不详	占地面积710m² 建筑面积600m²	侗族	实地调查	2010年重建后完好
80	渡马乡桥坪村	罗氏总祠	豫章郡	道光五年（1825）	不详	占地面积520m² 建筑面积410m²	侗族	实地调查	1991年维修，保存完好
81	渡马乡共和村	谭氏宗祠	三仕堂	道光八年（1828）	朝松公后裔	不详	侗族	实地调查	文革时期被毁
82	江东乡旧团村	舒氏宗祠	京兆郡	不详	不详	不详	苗族	实地调查	已毁无存
83	江东乡江东村	杨氏宗祠	弘农郡	嘉庆十七年（1812）	政熔公后裔	占地面积1024m² 建筑面积974m²	苗族	实地调查	2003年3月7日县级文保单位，破败闲置
84	坌处镇街上	王氏宗祠	本支百世	民国五年（1916）	明先公后裔	占地面积520m² 建筑面积478m²	苗族	实地调查	2002年6月21日县级文保单位
85	坌处镇三门塘村	刘氏宗祠	绍勇将军	乾隆初年	旺公后裔	建筑面积320m²	侗族	实地调查	光绪年间修葺，民国二十二年（1933）重修，1984年8月27日县级文保单位

续表

序号	地址（乡镇、村）	名称	堂号	始修时间	倡修者	面积	所属民族	资料来源	备注
86	坌处镇三门塘村	王氏宗祠	太原祠	乾隆年间	政公后裔	建筑面积297m²	侗族	实地调查	咸同兵燹被毁，光绪三十四年重建，2002年6月21日县级文保单位
87	坌处镇抱塘村	吴氏宗祠	延陵堂	乾隆二年（1737）	尚亨公后裔	占地面积300m² 建筑面277m²	苗族	实地调查	文革遭破坏，2002年6月21日县级文保单位
88	坌处镇抱塘村	粟氏宗祠	江陵堂	乾隆十年（1746）	子能公后裔	占地面积300m² 建筑面积168m²	苗族	实地调查	咸同兵燹毁坏，光绪年间二十二年重建。现已稍显破败
89	坌处镇地冲村	吴氏宗祠	延陵堂	乾隆二年（1737）	应春公后裔	建筑面积167m²	苗族	实地调查	尚存，木质结构
90	坌处镇雅地村（上）	潘氏宗祠	荣阳堂	不详	朝国公后裔	建筑面积160m²	苗族	实地调查	1988年重修，完好
91	坌处镇雅地村（下）	潘氏宗祠	荣阳堂	不详	朝国公后裔	占地面积310m² 建筑面积210m²	苗族	实地调查	1988年重修，完好
92	坌处镇中寨村（上寨）	刘氏宗祠	彭城堂	清代	良辅公后裔	不详	苗族	实地调查	已毁，仅见墙基
93	坌处镇中寨村（下寨）	刘氏宗祠	彭城堂	清代	良辅公后裔	不详	苗族	实地调查	已毁，仅见墙基
94	坌处镇兴坡村	潘氏宗祠	荣阳堂	光绪二十七年（1901）	宗晴公后裔	建筑面积124m²	苗族	实地调查	2011年3月22日县级文保单位
95	竹林乡地坌村	彭氏家祠	寿祖流芳	乾隆五年（1741）	寿公后裔	占地面积584m² 建筑面积437m²	苗族	实地调查	2002年6月21日县级文保单位
96	竹林乡杨家村	唐氏宗祠	不详	光绪八年（1882）	发、瑞二公后裔	占地面积476m² 建筑面积274m²	苗族	实地调查	破败闲置

续表

序号	地址（乡镇、村）	名称	堂号	始修时间	倡修者	面积	所属民族	资料来源	备注
97	竹林乡高坡村	潘氏家祠	无	乾隆元年（1736）	崇公后裔	占地面积879m² 建筑面积675m²	苗族	实地调查	咸同兵燹毁坏，光绪三十三年（1907）重建，2011年3月22日县级文保单位
98	竹林乡高坡村	彭氏宗祠	无	民国二十九年（1940）	不详	建筑面积240m²	苗族	实地调查	破败闲置
99	竹林乡湳头村	潘氏宗祠	荣阳堂	嘉庆二年（1797）	朝美公后裔	不详	苗族	实地调查	已毁无存
100	注溪乡新址	秦氏宗祠	天水堂	民国九年（1920）	礼公后裔	占地面积约500m²	侗族	《集成》第804页	已毁，仅见墙基
101	地湖乡罗家村	吴氏宗祠	延陵堂	乾隆四十五年（1781）	尚聪公后裔	占地面积约380m²	苗族	实地调查	已毁无存
102	地湖乡岩古村	吴氏宗祠	延陵堂	光绪年间	学蛟公后裔	占地面积约300m²	苗族	实地调查	重建完好
103	地湖乡永光村	吴氏宗祠	延陵堂	不详	不详	不详	苗族	实地调查	已毁无存，现为地湖中学所在地
104	地湖乡永兴村	吴氏宗祠	延陵堂	不详	不详	不详	苗族	实地调查	已毁无存

制表说明：本表的制作资料来源有两部分，一是以实地调研资料为主，包括天柱各姓氏族谱中关于宗族祠堂的记录、立于祠堂里的修祠碑记等等。二是其他文献资料记载，表中“集成”和“祠韵”分别为《天柱县民族·姓氏·村镇·文物集成》（杨德润编，天柱县文体广播电视局2007年）、《清江祠韵》（袁显荣著，大众文艺出版社2005年）的简称。另需说明的是，表中地名为中华人民共和国现行行政区域名称，民族成分则按祠堂所在乡镇的族众身份划分。

罗氏宗祠记

民国三十三年（1944）孟夏月付印

罗氏宗祠记目录

二十一、附录：冬至祭祖祝文（民国二十五年新作）
二十二、各族赠贺匾联
二十三、附录：祠谱落成祭祖祝文
二十四、移交祠务略嘱
二十五、接办祠务公布
二十六、本祠看守人议规
二十七、附录：全姓妄争纲形头公山判决书
二十八、跋语

一、宗祠图

罗氏宗祠全景

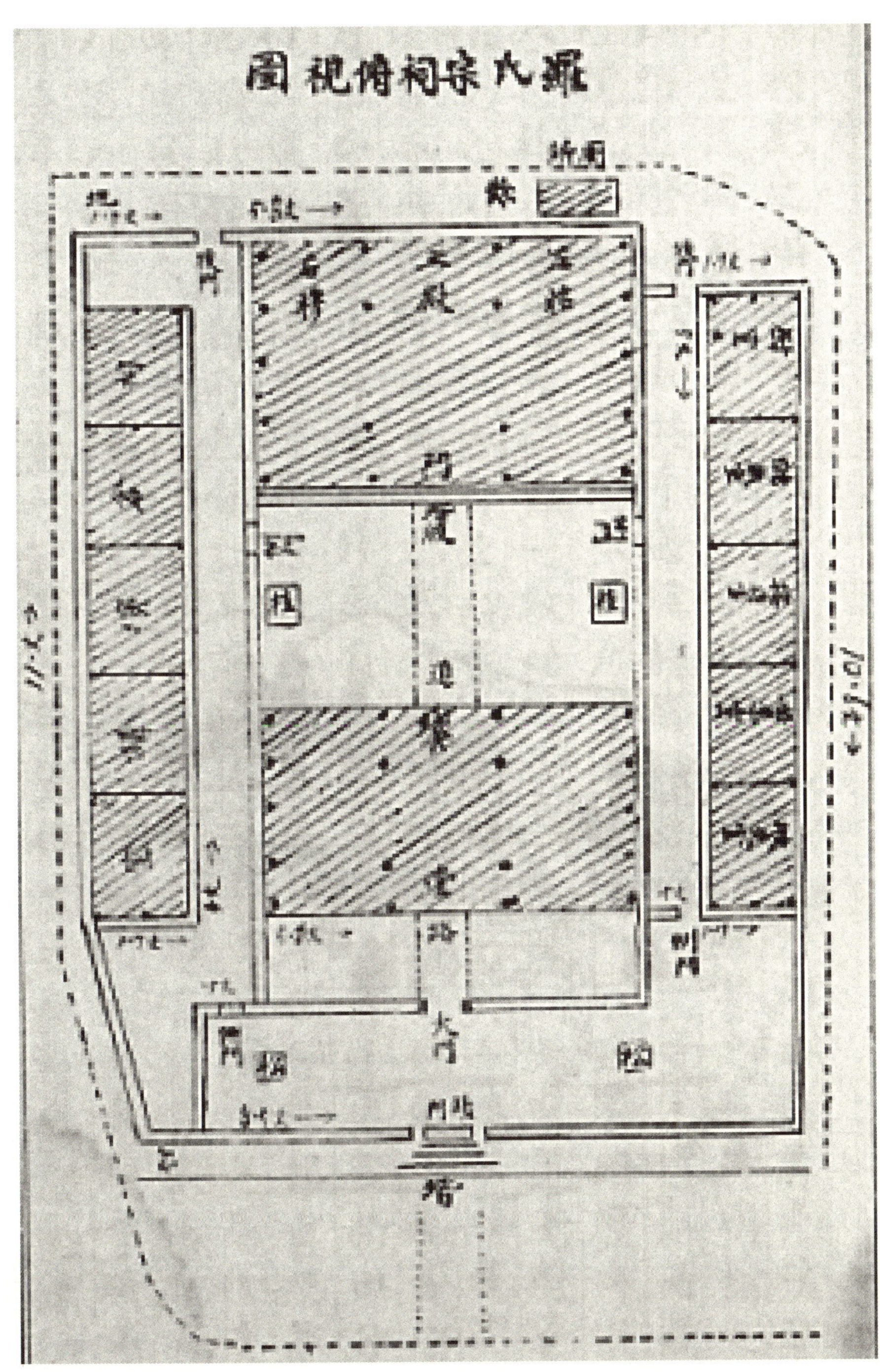

罗氏宗祠俯视图

二、序

宗祠记之编何为也哉？盖以我罗氏倡建宗祠，由前清光绪癸卯至民国癸未已历四十年于斯矣。其间经营之岁月，捐输之踊跃，监督之人数，与乎墙垣靡而数次改良，屋宇偏斜而几经撑正，并及远近宗族人众，户繁迁徙，非一住址不同，历年收入之款多寡参差，力难一致。始而制钱，继而铜元，有单毫、双毫、伍毫之别，终而银洋，有龙板、鹰板、人头板之兴。今国家复规定法币壹角、贰角、伍角、壹元、贰圆，又伍圆、拾圆、伍拾圆以至百圆，愈出愈广，物价日殊。此外，更有春冬二祭之办法，捐谷捐田，分行具载，致祭仪文，亦为条注。再有各房领谱号数，按部书清。本地纲形公山，录存判结。诸如此类，使无宗祠记以记之，恐代远年湮，风微人往，将何以信今而传后哉？用是不辞劳瘁，商诸同人，协力编修，付诸印刷，俾合族周知，以垂久远。至我祠中，将来有培修之义举、应书之公益，尚厚望后世之肖子贤孙者。是为序。

嗣孙 永赖谨撰。

三、倡建罗氏宗祠记

盖闻物本乎天，人本乎祖。祖之不可不敬，即祠之不可不修。如我罗氏，巨族也。自快良公由楚入黔，历明及清五百有余年，二十有余世，子孙繁衍，迁徙不一。问之宗祠，向未建立。凡我孙子，当秋霜春露，能弗歉然？光绪庚子敬修族谱，告成后，族兄永魁提议建祠。赖时以谱牒方竣，力不从心，犹有难色，当商诸同人。幸劝捐有永标，监工有永晖，协力赞襄有幸峥、幸森、幸钦、永谋、永执、永豫、永久、永伦、安荣、安治、康宁、暨昌元、顺堂、顺乙、幸略、幸厚、永豪、永芳、永耀、永来、永金诸君，交相激励，务期必成。赖忝董其事，自维年幼才疏，曷敢胜任？第以本源盛举，义无可辞，用是不避怨劳，即选吉地。取定于天柱南区、高酿定新、平地三寨之中，土名德山（笔者注：三个山重叠，象品字形）老之田一亩而基焉。由兹鸠工庀材，次第经营。癸卯肇造正宇，丙午筑封墙垣，丁未续修外室，庚戌接建门楼，不数年而厥功粗成。是岂赖等之能力？实叨祖宗之冥冥呵护，族众之捐输以致之耳。是祠也，地丽孔道，山与水无日不寓目。第见万叠云峰，奔入几筵，或拱或揖，森然如子孙竞绕也。一派清流映带，堂阶或左或右，悠然见祖泽绵长也。于是而举创之，不惟我祖，灵爽有所式冯，即后之陈俎豆，荐馨香，礼乐衣冠，一堂济济，亦可卜千秋弗替矣。祠喜落成，爰记数言以示后。

督修：嗣孙永赖（榜篆）经邦夔堂氏敬撰。

四、倡建宗祠经首芳名（倡议、督修、劝捐、监工、赞襄）

倡议：永魁，原名文星，字之光，清邑，从九。

督修：永赖，榜篆经邦，字燮堂，清邑增生，民国被选县议员，曾任本区副局长。

劝捐：永标，原名来选，字青钱，清邑监生。

监工：永晖，原名经纶。

赞襄：幸峥，原名允富，清赐耆员；幸钦，榜篆步青，字云衢，清邑庠生；幸森，原名瑞韬；永豫，原名炳七；永执，原名金学；永伦，榜篆翰先，字墨林，清邑庠生，曾领润松国民学校教员；永久，原名喜祥；安荣，原名寓金；安治，原名神松；康宁，原名源山；幸略，字□，清赐耆员；幸厚，原名现勋；永豪，原名汝南；永芳；永耀，原名再彰；永来；永金，原名彦球。

五、合修宗祠各支住址

天柱县：定寨、平地寨、新寨、达林、地壩、木杉、克烈、岑屺、良瑞、美引、地笋、勒洞、龙章、润松、佛屯、柳溪、坪坤、戈寥。

锦屏县：兴隆街、小江、更我、高岑、纲东、坪秋、圭足、圭稠、验洞、救民、下赖。

剑河县：大洋、孟休、湘洞、洞脚、岑广、斗我、小广、半溪、化鳌、允久、绕庆堡、返号、宣号堡、九垓梭、中营、白沙、白水洞、柳寨、南寨、平夏。

三穗县：等溪、木良、岑假、安定沟、岑马坡、滥泥山。

晃县：盘麻勒、张寨、阳霄、冲仁坡、上洞。

玉屏县：高马山。

榕江县：箐箕湾、洪家湾。

下江县：采郎、摆迂。

靖县：杉皮冲。

六、各支捐修祠款（原捐、加捐、补捐、特别捐）

（名册略，以村名为单位制作如下统计表——编者注）

表一：天柱县各寨捐款统计表

村名	定寨	平地寨	新寨	帮寨达林	地霸	勒洞	尧烈	润松	良瑞
户数	67	27	41	2	4	19	7	17	3
原捐（千文）	356.6	385.9	480.7	12	22	68.4	16	44.4	8.8
加捐（元）	214.7	92	300.4	5.7	21.4	17.5	16.6	28	4

特别捐1（千文）	20	530	100				20		
特别捐2（元）		15	145		10				
村名	龙章	佛屯	柳溪	坪坤	美引	木杉	戈寥	地笋	合计
户数	5	16	12	4	1	1	2	2	230
原捐（千文）	12	82.6	24		4.8				1518.2
加捐（元）	4	56	25	40		10	30	4	869.3
特别捐1（千文）									670
特别捐2（元）									170

表二：锦屏县各寨捐款统计表

村名	小江	兴隆街	高岑	更我	坪秋	圭足	验洞救民下赖各处	圭稠	合计
户数	2	1	4	12	7	4	111	4	145
原捐（千文）			13.5	92				13.4	118.9
加捐（元）	4	20	4	68	19.1	14.4	396		525.5
特别捐1（千文）									
特别捐2（元）				10	70				80

表三：剑河县各寨捐款统计表

村名	大洋	孟攸小湘洞	洞脚、斗我、岑广	上半溪、小广、化鳌、绕庆堡、宣号堡	九垓梭、允久、返号、中营	白沙、白水洞、平夏	南寨	柳寨	合计
户数	17	6	14	13	8	7	1	4	70
原捐(千文)	62	4.8	34.4						101.2
加捐(元)	39.5	21	29	98.5	27	17	20	8	260
特别捐(千文)									
特别捐(元)							200		200

表四：三穗、晃县、玉屏、榕江、靖县、下江捐款统计表

村名	三穗县等溪、木良、岑假、岑马坡、安定沟、滥泥山	晃县盘麻勒、张寨、阳霄、冲仁坡、上洞	玉屏县高马山	榕江县筲箕湾、洪家湾	靖县杉皮冲	下江县采郎、摆迁	合计
户数	26	17	2	6	2	8	61
原捐（千文）	28	15			17	200	260
加捐（元）	116	101	48	27	3	72	367
特别捐1（千文）							
特别捐2（元）							

捐款总计：506户原捐制钱1998.3千文，加捐钞票2021.8元，特别捐制钱670千文，钞票450元。

附注：上列各支捐修祠款表中分原捐、加捐、补捐、特别捐等。栏有一名而兼数捐者，有仅原捐或加捐及仅补捐者，有原捐为父兄之名，至加捐则为子弟名者，并得分别注入各栏。有个人特殊捐款者，则入特别捐栏。所捐之钱文圆币，系随时代币制说，另见后合并声明。

七、倡捐冬至祀祖谷记

窃思郊坛有制，王朝隆先配之文，宗祐荐馨，士庶重本支之报，此水源木本，固数典以难忘，春露秋霜，当因时而有感。冬至祀祖，讵容已乎！奈祠款歉乏，前此内外各捐分毫无存，逐年冬至，款无所筹，则祖庙虽经创建，而祖祀犹是歉然，将何以追宗报本，告无愧于先人乎？爰约总阖族毕集，宗祠复行，举议非赖捐输，安期成效？用是于本年九月按户收净谷贰斗，召集房长眼同盘量，面交各房长保管，照年加五行息，议定逐年六月各将息谷变卖作冬至日祀祖之费。其钱临期提出，不得延误基本。谷多寡均须注明详细，尤不得虚耗，务使各房全数一目了然，经费庶能永久办理，亦克孔长。是举也，尚望族之踊跃，勿吝升斗之谷，斯为幸甚。

清宣统三年辛亥岁秋九月上浣　嗣孙永赖谨记

八、逐年冬至祀祖办法

（一）榜文式

时维冬至，一阳复生，追远感时，情怀报本，谨卜　月之　日有事于宗庙，我族子孙各宜前期齐戒，肃整衣冠，届期同宿公所，洁净洒扫，黎明举祭，编定执事，务要虔诚办理，拜跪行列，不得参差，以致亵慢，各宜恪遵毋忽。

计开

主祭孙罗　与祭孙众多不及备列

通赞孙罗　引赞孙罗

歌曲孙罗　和歌孙罗

司香孙罗　读祝孙罗

司樽孙罗　捧帛孙罗

司乐孙罗　司馔孙罗

中华民国　年　月　日　特榜

实贴宗祠门首通知

凡榜列通赞以下诸君，主祭者宜于冬至日先期按名帖请临祠赞礼，以昭郑重。

（二）冬至荐祖预告仪注

肃静，行预告礼，就位，鞠躬，跪，叩首，叩首，三叩首，兴，跪；叩首，叩首，六叩首，兴，跪；叩首，叩首，九叩首，兴，跪；匍匐，读预告文，预告文式（述作由人）：

时维

中华民国　年岁次 月预告　日之吉，主祭嗣孙罗　等敢昭告于豫章郡忠孝堂罗氏历代先祖考妣暨昭穆众灵之神位前曰：次日冬至之期，将有事于祖荐，其常事备香烛酒醴馔馐，不腆微仪，先期预告，伏惟尚飨。谨告。

告文读毕，兴，礼成，化财，焚告文，声炮，终。

凡预告事，仰主祭等先将黄纸书写，告文并照后单应用礼物逐一备具，于冬至前一日肃整衣冠，入祠恭行预告礼，毋得亵慢，亦不必多费，以示节用。

预告礼物单：

香烛、黄纸、肉、酒、炮、钱纸、茶、时物。

（三）冬至荐祖合祀仪注

通赞云：木本水源泽悠长，家传忠孝永留芳。

虽然不见先人面，抚景兴思未忍忘。

肃静，行荐祖礼，设左昭位，设右穆位，设东向位，设西向位，设文公位，设香案所，设盥洗所，设酒樽所，设馔食所，设读祝所，设饮福受胙所，设燎所，设帛，设茗，设毕，启户弹门三下方启。

司事者各司其事，司乐者各司其乐，歌生就班，声炮。

奏大通，鼓初严，鼓再严，鼓三严；鸣金：初鸣金，再鸣金，三鸣金；作大乐，大乐止；作细乐，细乐止；再作大乐，大乐止；再作细乐，细乐止；三作大乐，大乐止；三作细乐，细乐止。主祭孙就位，与祭孙各就位，设馔，迎神，奏迎神乐，乐止，歌请主太清曲歌：仰祖考兮德容，承时祀兮奉迎，恭眷顾兮一气，感通神其格兮，鉴此微衷。

歌毕，神降，参神，作细乐，众孙行参神礼，跪，叩首，叩首，三叩首，兴，跪；叩首，叩首，六叩首，兴，跪；叩首，叩首，九叩首，典，平身；行初献礼，举初献乐，乐止，歌初献寿清曲歌：物土于兹兮宗祀是承，庙弈弈兮安神灵，荐常事兮以亨以宁，礼初献兮心屏营。

歌毕，引赞生引主祭孙升堂行初献礼。

引赞云，主祭孙升堂，行初献礼，诣盥洗所，盥洗，授巾；诣香案所，司香者举香；诣酒樽所，司樽者开樽酌酒；诸馔食所，司馔者捧馔；恭诣于豫章郡忠孝堂罗氏历代先祖考妣暨昭穆众灵之神位前，跪。初上香，初献酌，初献帛，献刚獵，献柔毛，初献礼毕，叩首，叩首，三叩首，兴、诣读祝所，跪，众孙皆跪。匍匐，听读祝文，祝文式（通用，述作由人）

维

中华民国　年岁次　月祭祀日　冬至之吉

主祭嗣孙罗　暨与祭众孙等敢昭告于

豫章郡忠孝堂罗氏历代先祖考妣暨昭穆众灵之神位前曰：

洪维

我祖功德远大，嗣续昌隆，时维冬至，情深报本，谨以豕一、羊一、鸡、鱼、馔、馐、香、帛、酒、醴、粢盛、黍、稷、时物、果品，不腆微仪，用伸虔祭，伏惟

尚飨

祝文读毕，兴，复位

通赞云，行亚献礼，举亚献乐，乐止，歌亚献豫清曲：祖有德兮垂至今，深厚

封兮国恩深，迎神眷兮酒斟，岁蒸尝兮其来歆。

歌毕，引赞生引主祭孙升堂，行亚献礼。引赞云，主祭孙升堂，行亚献礼，诣盥洗所，盥洗，授巾；诣香案所，司香者举香；诣酒樽所，司樽者开樽酌酒；诣馔食所，司馔食者捧馔；再诣于豫章郡忠孝堂罗氏历代先祖考妣暨昭穆众灵之神位前，跪，亚上香，亚献酌，亚献帛，献馔献羹，亚献礼毕。叩首，叩首，三叩首，兴，复位。

通赞云，行终献礼，举终献乐，乐止，歌终献熙清曲：礼三献兮酒在樽，思形容兮想音声，频瞻听兮若见闻，神其享兮佑斯后人。

歌毕，引赞生引主祭孙升堂，行终献礼。

引赞云，主祭孙升堂，行终献礼，诣盥洗所，盥洗，授巾；诣香案所，司香者举香；诣酒樽所，司樽者开樽酌酒；诣馔食所，司馔者捧馔，终诣于豫章郡忠孝堂罗氏历代先祖考妣暨昭穆众灵之神位前，跪。终上香，终献酌，终献帛，献鸡鱼，献粢盛，献时物，终献礼毕。叩首，叩首，三叩首，兴，诣饮福受胙所饮福酒，受福胙，嘏辞，祝致嘏辞曰：

祖考命工祝多致无疆厚福于汝等孝孙，汝等孝孙受禄于天，宜稼于田，眉寿永年，勿替引之。俯伏，兴，平身，复位。

通赞云，告利成。祝答曰，利成。通赞又云，送神，举送神乐，乐止，歌送神安清曲：惟祖考兮有灵，植厚德兮深仁，惠子孙兮世相承，再拜送神兮鉴此衷情。

歌毕，众孙行送神礼，跪，众孙皆跪，叩首，叩首，三叩首，兴，撤馔，举撤馔乐，乐止。歌撤馔雍清曲：祀礼兮既终，乐奏兮雍雍，边豆兮斯撤，仪物兮匪丰，祥光兮照焕，神心兮感通。

歌毕，执帛者捧帛，执酌者捧酌，读祝者捧祝，各诣燎所，众孙离位望燎，复位，退班，阖户。礼成，起乐，声炮，终。

（四）冬至祀祖礼物单

羊、鸡、鱼、肉、糖、炮、火药、盐、香、纸、烟、油、蜡、炭、姜、黄花、面、粉、醋、酒、米、菜、柴、黄纸、红纸、灰面、当票、香墨、时物、碗盏。

以上应用礼物仰主祭先期预备，免致临时有快，尤不得简少，致招亵慢。

（五）冬至祀祖简议十条

一宗旨。祭祀以诚敬为主，祖宗难远，当思如在其上，如在其左右，毋得玩忽不恭及喧哗嘈杂。

二主祭。本祭逐年举定董事二名充当主祭、经理。祭费收支按照清单开载。礼物及应用器具预备完全，先期投宿宗祠，以时举事。

三号炮。号炮所以约齐人心，内分前三炮，后三炮。前一炮注定祭日黎明时分，凡我与祭嗣孙听炮即起，洗面肃整衣冠。二炮齐临宗祠。三炮举行祭祀。祭毕，开点心，暂停。后一炮通请阖族，除主祭与祭及执事人外，按户可来一名，闻炮，务各相约。二炮，均要毕集。三炮，入席就坐，倘逾三炮不至者，饮食不留。

四营办。营办之事，除豕羊而外，鸡鱼为首，肴馔次之，粢盛、果品、时物又次之。祭共五席，每席各一贵有热气，不得营办多时，以致寒冷如冰，不成敬意。

五陈设。祭祀不外乎陈设。陈设之仪物，器具尤宜精洁全备，不可或缺，乃昭诚敬。陈设之位序，中始祖，左昭右穆，东向西向，共五位， 各一大席，前文公位，则一果品馔食焉。

六坐次。每祭会集，阖族约十馀席，摆设外进三间，以中间内两席为正席，左右两间为傍席。必以辈尊年高一族者举坐正席上位，馀则依次而坐。当已坐定，各安各席，不得擅离本位，掺入他席，以致失仪。违者主祭得请上位尊辈者当祖前教训之。

七宴饮。酒以合欢，非不可饮，但不宜过量，以至于乱。每祭，按席给酒十件，以高扯低，庶无不有酒。后猜拳，当听正席上位者先开拳，各席方可后随，以明长幼之礼。席上尤贵谦恭，不得于矜狂傲慢。违者得由主祭请尊辈责之。

八接待。接待所以尽主客之礼。宗族在远，虽属叔侄昆弟，未易得时常往来。祀祖一会，情犹客也。主祭等宜于冬至先期早临宗祠，预备接待。一切得由提祠中公费款待远来宗族一宿两膳。至冬至次日，有私待者，听其自便。

九言语。言语须切忠孝友弟及家庭教育一切。其有外事并旧日挟嫌情节，与乎淫词戏语，席前概不准谈及，违者族众得面斥之。

十解散。各席起立后即行解散。为主祭者收拾器具，送还原处，勿令损失。所有收支账目，除列单贴出，俾阖族周知外，相应面结清楚，不得退有后言。

以上十条言简意赅，凡我族人，世当遵守，不得视为具文，是所厚望也。

九、捐清明会会款记

当闻千枝竞秀，抚时切报本之思；万派从新，触目动追远之念。天时着于雨露。节届清明，人事重于宗亲。典隆祫祭，聊修俎豆。敢云祀事孔明，薄采频繁，亦曰孝思不匮。溯我先祖世珍公，乔迁于此，由明及清年逾三百世，已二十馀窀穸。凝祥云礽衍，度本支百世，绵瓜瓞以克昌。福荫千秋，偕松楸而主茂。无如派盛支繁，迁徙不一，烟多人众，门户各分，非有组织祭财，何获人心之团结也哉。民国辛未，我族值年董事永中、安环二君召集房长等，举议重砌祖茔，提倡清明会会款按户收净谷三十斤，以时变卖，作逐年清明祭墓之用，并交后值年董事合冬至祀祖经费一同保管。凡有发展及分居等户，按次增加而俾敷用。自是石扫绿苔，丰碑旧勒；野多青草，壤土新添。瞻华表以申虔，年年今日，率子孙而罗拜；世世于斯，士攸宜而农，克敏利，遂名成家，丕振而族同光，兰馨桂馥，岂不懿欢，是为记。

嗣孙永赖敬撰

十、逐年清明会办法

逐年祭墓，按照夏历取定正清明日，不分晴雨，值年主祭平临宗祠，布置一切，预备粢盛酒醴馔馐两大席，一席祭祖墓，一席祭宗祠。俱行礼焚祝，各宜诚敬，毋得玩忽不恭。按户可来一名，如有馀款，次日再请族中妇席。凡家有尊长者请其尊长，以明尊卑长幼之礼。

（一）清明应用礼物单

肉、酒、米、香、纸、盐、柴、菜、笋、姜、辣、炮、烛、炭、茶、火药、红纸、当票。

（二）清明祭墓祝文式

水源木本，感春露以遐思。麦饭榆羹，登芳郊而追慕。兹当时逾寒食，节届清明，柳陌烟新，杏天日暖，看诸峰之罗列，尽似儿孙；仰宰木之森严，犹瞻矩矱。惟祈弓裘继继，启佑后人瓜瓞绵绵，丕承令德，庶几天高地厚，追遗泽以长留，令即代远年湮，奉先茔而弗替。灵其来格，鉴此微忱，百拜谨祝。

（三）清明祭祠祝文式（述作由人）

时逾寒食，节届清明，感雨露以兴思，想音容而宛在。由今思古，累万盈千，窀穸非一，各安龙耳佳城。云礽众多，必主牛眠吉地。虔备馔馐，先陈祖墓，次修俎豆，普祭宗祊。伏冀祖德流芳，宗功丕振，长发其祥。个个尽勤耕苦读，克昌厥后，人人是肖子贤孙。百拜谨祝。

十一、改良宗祠补修叙

天下无难成之事，亦无易成之事。难与易，视精神。精神所到，难亦易矣。否则，易亦难。精神之用大矣哉。我祠初建于清光绪癸卯，首成正殿三楹，至丁未，竖外进，越庚戌而内外门墙并告落成焉。台阁坊表，岿然崭然，黝垩丹艧，伟矣大观，对越骏奔，云爽冯式，精神焕发，于兹见之矣。乃载历星霜，藻绘剥落，曩昔华丽屈于冰雪之威，旋而改其旧式，易阁为楼。久之，仍不免角水之有碍也，又从而更新之，致成今日三楹之飨堂，与乎新式之坊表。然正殿西墙，筑基欠固，初呈一线之隙，渐见宽裂之痕。为久远计，复折去积层之砖，建有底之墙脚。易笨重之鳌头，成简朴之云爪。惟庖厨不宜近乎飨堂也。另于祠殿之东，成五间横屋，时则烹供有庖、办事及接待有室、祭后退休，皆得其所，亦云便矣。庭前双桂，门外双松，郁郁并峙，尤见精神蓬勃。是亦觇我族人之连年修改，筹出财力至再至三，愈见踊跃，非精神所到焉能举重若轻，成难于易若是乎？今西墙之外，又新建筑五间，与东边相对。此后讲演有室，习礼得地，不更见敦伦叙，观一堂雍睦之引焉勿替乎？我祠之成首倡者为曾祖夔堂公，公今年逾古稀，犹精神矍铄，以导族人。其馀赞襄者皆能体公意，分任其责，得另列名于编次，以见精神之团结云。

民国三十三年岁次甲申农历元旦嗣孙国珍子异甫谨叙

十二、宗祠连年补修经首芳名

安行、永文、永中、安环、安教、安学、国珍、永政、安芝、康健、康又、安抚、康寿。

以上经首人等或督修，或监工，或劝捐，或收款，或采料，或计划，经营不一，各任其劳，各成其事，莫不井井有条，且纯尽义务，深堪嘉尚，凡我宗族，实利赖之。望后世之为肖子贤孙者，是则是效焉，幸甚!

永赖谨识

十三、劝捐祠田小引

古之极爱宗族者，莫若范文正公。公置义田千亩，族人老老幼幼均沾惠泽。宋代以来，苏州范氏义田尚在，迄今传为美谈，诚千古笃厚宗族之一人，为后世各族所景仰者也。我罗氏肇迹江西，发祥黔左，地处边隅，人多勤朴。由明及清，历有年所。幸值民国建立，大异昔日景象。我等生长于斯，聚族于斯，其族虽小，不难扩充而大。因观古贤之嘉言懿行，有不目睹而心慕之者乎？拟欲约我族众，量力乐捐。内外分甲乙丙三等，甲等五挑六挑，乙等三挑四挑，丙等一挑二挑，无田者捐山土亦可，捐钞洋亦可。如蒙赞成，请登捐簿，按户拨粮，将土名田形四至载明宗祠记，与族谱并存，留芳千古。其田或付族人佃种，或转付本人佃种，按年分花，永作本祠公产，后世子孙不得擅行变卖。迨后生发既多，除春冬二祭费用外，馀存或培植寒俊，或补修祠宇，或提倡义举，或周济孤贫，可于是而便行矣。是举也，赖发起有年。近来兵祸丛生，天灾叠见，以此不能达其目的。兹祠宇粗成，谱功告竣。民国庚辰冬，我族子异、习斋、益斋、勉三诸君同心提议，协力劝捐，不辞劳瘁。望我同族踊跃好义，共成盛举。于是本于此，笃伦于此。敦爱族众，即为爱宗祖；爱宗祖即为爱子孙矣。今日为人子孙，他年即为人宗祖。处心如是，虽不能学范氏广置义田，名垂万世。而范氏极爱宗族之心，庶能效法于万一焉耳。是为引。

中华民国二十九年庚辰冬月嗣孙永赖（榜篆）经邦燮堂氏敬撰

十四、各房乐捐祠田山土并钞洋户名

定寨（俱规定本地老斗计算）（芳名略，1户捐地基，14户捐田，收谷6.9石，2户捐山土，22户捐钱742元）。

平地寨（芳名略，1户捐地基，10户捐田，收谷4.2石，8户捐钞洋245元）。

新寨（芳名略，19户捐田，收谷16.4石，4户捐山，12户捐钞洋495元）。

邦寨达林村（芳名略，1户捐田，收谷1石）。

地隐岑启（芳名略，1户捐田，收谷1石）。

望楼坡（芳名略，1户捐钞洋108元）。

地霸村（芳名略，3户捐田1.2石）

凉伞上洞（芳名略，2户捐洋1000元）

等溪瓦村（芳名略，2户捐田，收谷0.4石）

本祠祖业

——定寨高山（笔者注：三个山重叠，象品字形）美先祖遗地一副，上抵罗康禄田，下抵罗安行，左抵大路，右抵山为界。

本祠得买田

——买罗康禄土名祺粮塘回田一丘，攀晚田六丘，共收谷四石；

——买罗秀贤土名坪洒寨脚溪边田一丘，收谷陆斗；

——买罗天沛土名莫熙田二丘，收谷壹石四斗；

——买罗康隆土名登岑竹冲田二丘，收谷叁石。

十五、重劝捐筹冬至费记

本祠冬至祀祖之费，曩皆醵金筹谷举行，已历三十余年矣。其间经营创造，连年建设，需用浩繁，未遑兼顾以此祀祖之常款，颇形缺乏。欲期举办裕如式礼莫愆似不可能。上年曾召集阖族乐捐田产，佃种收花，以资持久。无如人众户多，力难一致。其已捐田捐款者固多，而未捐者亦所在皆有。窃修谱立祠，无非为敬宗睦族起见。饮水加思源，乃子孙分内之事，何容度外置之。孔子曰：生，事之以礼；死，葬之以礼，祭之以礼，是之谓孝。如有祖宗而不祭祀，此心犹是歉然，焉得云孝乎？用是于客冬至日复行举议，各房有不能捐田者，每部总谱规定捐洋贰仟元，交由宗祠量置田产，或借贷生息，共相补助，则祭典庶能长此举行，垂诸久远。兹经议决函达各房房长，约定本春清明扫墓之日，一体备洋到祠，载之宗祠记内，永

作冬至祀祖之财。自今规划，言之必行，欲作孝子慈孙，勿忘宗功祖德。凡我族众，其共图之，是为记。

民国三十三年甲申岁农历仲春之月，嗣孙国珍子异甫谨识

十六、各房承领统谱号数

（名单略，只列出每寨部数——编者）

天柱县：定寨9部，平地寨7部，新寨15部，高临场3部，地霸1部，达林1部，岑屺1部，良瑞1部，勒洞1部，望楼坡1部，润松罗家坡1部，那拿乡甲保坡1部。

三穗县：木良村1部，安定沟、岑马坡共1部。

新晃县：凉伞、张寨共1部，上洞1部，阳霄1部，冲仁坡1部，盘麻勒1部。

玉屏县：高马山1部。

剑河县：中大洋、凸寨共1部，孟休1部，斗我1部，绕庆堡1部，宣号堡、并零村1部，南寨1部，九寨瑶寨、乌来塘化共2部。

锦屏县：兴隆街1部，更我盘、寨岑共1部，坪秋圭足1部，验洞寨3部，雷家濠、采姑共1部，苗垠、岑新共1部，雄黄高座、黄土坡共1部。

榕江县：寨蒿、筲箕湾共1部。

十七、本祠历年建筑开支总数

——前清光绪二十九年癸夘至宣统二年庚戌冬，倡建内外两进工作，共付去制钱贰千壹百肆拾伍千捌百文。

——民国二十二年癸酉冬，补修内进墙垣三面，付去大洋肆百捌拾肆元；二十三年甲戌秋，改修外进两山墙垣并屋宇三间，付去大洋伍佰伍拾捌元；二十四五年乙亥丙子冬，加修厨房寝室五间并筑封三面墙垣，付去大洋叁佰捌拾肆元伍角陆仙；二十六年丁丑秋，重修排坊并大门匾联，付去大洋陆百肆拾肆元；二十七年戊寅冬，增修祠门外周围矮墙，付去大洋贰百伍拾陆元伍角陆仙；五柱共付去大洋贰千叁百贰拾陆元伍角陆仙。

以上付用细目颇多，因年久工繁，笔难分记，按年录成总数较为朗然，以备后览，特此声明。

附计历年经用钱类

前清光绪初年概用宝银与制钱（钱以天为单位，银以两钱分厘记），光绪末年到宣统初用当拾文单毫，民国初年又用当贰拾文双毫并大洋银圆（银圆以圆角仙星记），民国十余年初用当伍拾文及当百四川毫，民国二十余年用大洋圆又用法币钞票洋圆（以圆为单位，角为辅币）。

十八、本祠历年董事题目

民国庚申、辛酉：永魁、永赖，壬戌、癸亥：安德、安环，甲子、乙丑：永伦、永中，丙寅、丁夘：安抚、国宝，戊辰、己巳：永茂、康寿，庚午、辛未：永用、安治，壬申、癸酉：安南、国恩，甲戌、乙亥：安吉、国翰，丙子、丁丑：康岑、朝元，戊寅、巳夘：盛德、国玑，庚辰、辛巳：康健、安然，壬午、癸未：永政、安定。

凡值年董事，规定二名。原议于冬至祀祖，在祠公举，两年一换。是日举就，随将红纸一张，大书姓名，实贴宗祠布告阖族，以昭郑重。其被举者，由前董事造具清册，移交后，即行接替。春冬二祭照常办理，祠中一切事宜应负完全责任，不得借故推诿及浸蚀祠款情弊。全年收支账目，必具报朗清，列单贴出，俾族众周知，是厚望也，此记。

十九、本祠匾联

宗祠排坊门联：湘水着芳微，百代人文资庇荫；黔山隆孝祀，一堂孙子庆熾昌。正匾：忠孝堂；横匾：罗氏宗祠。

宗祠外墙门联：发扬民族主义，丕振罗氏家声。横匾：木本水源。

宗祠侧门联：往来惟肖子，谈笑有贤孙。横匾：以昭雍睦。

耳门联：户小人由便，墙低志立高。横匾：咸亨。

厨室门联：饮水思源地，荐馨崇德门。横匾：积厚流光。

后门联：无心朝北斗，有意望南山。横匾：出恭入敬。

二十、附录：宗祠历年冬至祭祖联

（每年新拟联甚多，因多不留稿，爰录一二以备一格）

忾乎见优乎闻懔乎思八簋洁陈享百千万年祖考，践其位行其礼奏其乐一堂罗拜有二十三代儿孙。

祖迹肇江西水源木本遗传远，宗支发黔左春露秋霜感想多。

卅载小修本收族谊；一年大祭表敬宗心。

我辈此来祇陈黍稷牺牲首叩空阶不能说有怀先泽，族人今后要把忠良孝友脚踏实地才算是无坠家声。

先人本忠孝传家留得模样在前务当认真做去，我辈靠祖宗喫饭须知守成不易总要努力起来。

忠良处世为佳存心好记祖先训，习俗移人最易立品须如门外松。

东补西修力求完善，入孝出弟谨守伦常。

冬至一阳生最爱子子孙孙年年今日到此，宗祊千古仰惟求昭昭穆穆世世按时如斯。

此闻有忠臣有孝子有义士有硕儒祖若宗成绩烂然百世勋名千古耀，斯举为笃本为敦伦为崇源为追远昭与穆恩膏滂沛一滴雨露万家沾。

登祖庙序天伦教孝教忠伟大事业从斯晋，荐馨香陈俎豆必诚必敬磅礴性道个中伸。

二十一、附录：冬至祭祖祝文（民国二十三五年新作）

维

中华民国　年岁次　夏历十一月，冬至日祭祀之吉

主祭嗣孙罗　暨合族与祭众孙等

谨以豕、一羊、一鸡、鱼、馔、馐、香、帛、酒、醴、粢、盛、黍、稷、果品、时物，不腆之仪，敢昭告于豫章郡忠孝堂罗氏历代先祖考妣暨昭穆众灵之神位前曰：

洪维我祖，豫章肇迹，初迁于湘，再迁天柱，亦徙芷江。家传忠孝，品重琳琅，箕裘弓冶，凤起萍乡，蓝田种玉，七叶联芳，柳溪摆洞，坪坤湾场，各择仁里，各辟土疆，润松高酿，虎奋龙骧。铜剑锦蜀，天各一方。由芷之晃，更徙鱼塘，玉屏三穗，古州下江，披荆斩棘，以启山岗。贻谋燕翼，攸有烈光，念我先正，莫敢或忘，两次修谱，大建宗祊，敦伦笃本，源远流长。默为勗勷。克成美举，族誉用彰。今值冬至，运转一阳，感动于礼崇蒸尝，荐其时食，设其衣裳，以妥以侑，祭祀孔明。

伏冀先祖在上在旁，佑启我后，俾尔炽昌。丕振阀阅，永绍书香。以引以冀，长发其祥，伏惟尚飨。

二十二、各族赠贺匾联

修谱亦常事耳最重在六万年间讲礼明伦保存人道，数典可忘祖乎斯能于百千禩外分宗衍派条理天潢。

——高酿六公宗祠众等同贺

罗非维耶维厥旧宗此而见血气之统，谱犹普也普于有众莫不生孝弟之心。

——天柱潘氏全体同贺

笃萝施乔松远溯汉宋而还昔在祖宗曾缔好，谱牒联子氏广收湘黔各派流归湖海本同源。

——杨溪敦厚堂君辅公后裔众等同贺

守承前遗泽，滋润兰阶，玉竹盈砌，祠垣根本联一气，千秋端合称君子；
沐接武流风，吹长麟趾，凤毛散满，寰宇遐迩合同堂，终古从知有大家。

——富坐两寨姻戚龙族同贺

世系评明光增豫郡，规模壮丽瑞映萍乡。

——戚谊孙昌祥、全连拔，孙再芳、舒礼奎、孙再林全贺

材集豫章堂开忠孝，系传相国望重琳琅。

——戚谊喻德政拜题

华祠落成威仪反反，钧谱告竣磬筦将将。

——姻戚蒋宏品、宏科、宏馨，宏俊、宏英全贺

明德先馨孝贤繁衍，祝融世胄纪貌荣安。

——高醇等冲龙族题贺

二十三、附录：祠谱落成祭祖祝文

维

中华民国三十年十月十六日，主祭嗣孙罗永中、安化、安然、康健、国玑暨与祭嗣孙等谨以清酌庶馐不腆之仪昭告于豫章郡忠孝堂罗氏历代先祖考妣之龛前

曰：洪惟先祖，迹肇豫章，奠基兹土，载历星霜，启山林于筚路，乃实大而声庞。惟我后嗣小子，久服畴食德于未央，爰两修其谱牒，又多次改造其宗坊，历时四十馀载，今日始得告一段落而了此心肠。兹承各族亲友，或远或近，馈赠厚礼而大褒扬。刘族褒其发祥有自；吴族则褒其忠孝光昌；栗族则誉以黔东望族；皎环、障保则誉以琳琅增辉，而气喷黔疆；来溪有民族先声之赠；乐寨又贺其源远流长；陶族更赞以世传忠孝；喻戚复赞以望重琳琅，孝子贤孙。胡龙赞美，孙舒全誉，瑞映萍乡。富荣坐砦则合称君子；六公之颂，在条理天潢；等冲则贺以孝贤；荣衍蒋戚，又庆以磬箢将将；施乔松而敦先代缔好，感亲谊于邦砦；杨溪之敦厚堂维厥旧宗，以见血气之统；更蒙潘族之大笔煌煌，匾联绣彩，杨厉铺张，种种厚贶，愧曷克当。迨吉悬竖，为宗族光。是为后嗣子孙之受宠若惊者，谅亦我历代先祖皆大欢喜于在上在旁，谨祝！

二十四、移交祠务略嘱

收族敬宗，事有终始。溯厥由来，在清之季。谱籍先修，次建祠宇。出力捐钱，欣闻而起。越四十年，未尝萎靡。祠因改良，经营不已。按户捐田，财款筹备。谱又续修，详明世系。总者启疆，修者子异。扩大范围，心力俱瘁。共庆落成，告祠设醴。纷纷赠仪，戚党莅止。到此期间，祖宗亦喜。后有增修，再绵延耳。冬至清明，祭之以礼。办法如常，勿庸推诿。董事二名，历年公举。入祠赞襄，循规蹈矩。钱谷基金，保管到底。账目朗清，用莫奢侈。住守祠丁，不得轻许。选用勤能，服从遣使。洁净宗祊，横直守已。倘敢非为，立行更易。事关本源，终难放弃。邦逾七旬，大非昔比。年过力衷，精神何继。子异族孙，为人可取。经验既深，望重闾里。凭众移交，接充办理。幸勿辞劳，少长钦佩。今后事宜，向子异议。尤望族人，和衷共济。雍睦永昭，前光后裕。我祖有云，千秋佑启。庆衍螽斯，祥呈麟趾。乘此佳期，敬告数语。欲知端祥，阅宗祠记。

中华民国三十一年壬午夏历二月二十日清明佳节嗣孙永赖（榜篆）经邦燮堂氏恭就 宗祠凭族众声明移交

二十五、接办祠务公布

高酿立祠，我罗氏始。大家一心，伯仲叔季。且把初终，逐一录纪。清光绪间，己亥发起。族谱先修，次建祠宇。筹款经营，合族欢喜。内外墙垣，偶见颓靡。再振精神，进行屡屡。几番改良，罔辞劳瘁。谱又续修，明我世系。经历内容，未能毕举。惟我燮公，自强不已。四十余年，如一日耳。对于族中，齐之以礼。事无易难，未尝推诿。祠务公行，有进无止。所欲从心，真不踰矩。手续办清，一一留底。凡百收支，不吝不侈。嘱咐叮咛，清白如许。国珍无才，谬蒙召使。急公之心，谁不如己。惟创业难，守成不易。倘有覆餗，族人共弃。燮公精神，几人能比。若论毅心，人更难继。珍之才能，一无可取。恐有疏虞，见笑乡里。希望各公，共襄治理。赐我方针，无所不佩。庶使庸常，造出特异。雍睦永昭，一堂济济。忠孝克敦，绰有余裕。发扬前徽，文明大启。珍虽不才，请事斯语。敬告族人，爰为之记。

嗣孙国珍子异甫氏于冬至日公布

二十六、本祠看守人议规

一、本祠公招看守人一名常住宗祠，其人择朴直勤谨。祠宇内外及各室务要洒扫清洁，以壮观瞻。

二、看守人伙食按月规定白米贰斗，交由值年董事付出，不得短少，油盐柴菜其人自备，香灯祠上公给。

三、看守人职务不许久出不归，以致妨害宗祠，尤不得停留摇牌吹赌及面生歹人。倘有此情查出，立即辞退另招。

四、本祠有会议公务，看守人负传达责任，奔走效劳不得懒惰推诿，致招嫌怨。

五、看守人不拘同姓异姓，亦不限年数，惟以忠直勤慎为主。我族人等宜秉至公，不得以一人好恶私行进退。

六、看守人如有特别意见，不愿看守时，当请各房长面辞告退，不必强留。

七、看守人年老，穷无所归，不幸在我祠中病故，族众当体念生时勤劳，施给衣棺，卜地安葬，以彰厚德而慰幽魂。

二十七、附录：全姓妄争纲形头公山判决书

定寨纲形头洄堰坡为始还祖落担之遗产，历代守之。清咸丰初，有居各美夏之全姓者，被回禄，以戚谊来借我中央坪草屋暂住，久遂鸠居，致构命件。诉讼经县府判以中央坪后小岭让给全姓以葬其伤者，并辟深宽之路以界之，迄今八十余年矣。民国二十六年，奉令辟保林场，我以祖遗洄堰地开办苗圃，全姓出而妄争，遂于是年四月双方起诉在县，旋即提起上诉，至二十八年十月，始经贵州高法分院判决，其地判归我有，兹将前后涉讼判决书附载记中，以告我后世子孙，当知创业艰难，守成亦不易云。

判决书如左

天柱县司法处民事判决 二十六年度民字第 号

判决

原告：全继升即全连拔，年七十一岁，住中央坪业农

全德干即全大能，年二十一岁，住同前

全先才即全志高，年二十岁，住同前

全先文即全登来，年未详，住同前

全德衡未到

全德堂，年四十岁，住剑河大洋，业农

被告：罗安行，年四十岁，住定寨，业农
罗康年，年三十八岁，住同前，业农
罗康贤，年三十六岁，住同前，业农
罗天沛，年五十一岁，住平地寨，业农

右当事人间因请求确认不动产所有权事件涉讼，本处判决如左

主文

确认中央坪围院坡即屋背坡老坟山，又即涸堰坡，两造均无所有权，应归公有，本案讼费两造平均负担。

事实：

原告起诉意旨，略谓民族自前明中叶由湖南衡阳移居中央坪，管有坟山，历年祭扫。前清咸丰初年，定寨罗安行等祖人由民等祖山估开新路，杀死民先辈一人，涉讼到县，经判决以上齐天水塘，下至凉水井，左右抵田冲之地判归民等，余地判给罗姓。当时筑有围墙，故该地又名围院坡，民族在内埋有全乔三，全龙氏梅秀之坟。今年古历三月，罗安行等假借公家栽桐名义，聚众开垦，竟将民家老坟挖毁，请求断归民族所有，以免假公霸占等语。

被告答辩意旨，略谓民族先祖罗世珍于明时开辟定寨，世守其土。清初，因各美夏之全姓被大焚房屋，先人以戚谊以中央坪草屋暂假予居住，嗣经祖人追还成仇，屡起斗殴，误伤全姓一人，致死。讼经县主判以中央坪背后小岭让给全姓安葬。当时并开一新路横过此岭，宽四五尺，深有丈多，界限朗然。本年四月，保长杨通乾奉令开办苗圃，民等即以此地播种桐苗，全姓就出头妄争，涉讼到案，请求作主判断等语。

理由：

按当事人主张之事实，须负举证责任。倘其所提出之证据不足，为其主张事实之证明，自不能认其主张为真实，业经最高法院着为判例（见二十三年上字第一九四号）。本件诉争围院坡即涸堰坡所有权，两造均系空言主张，毫无证据。据称于前清诉经本县判决，亦无堂谕可考。依照上开判例，自难认为实在，具经本处履勘确标，有杨通乾所竖苗圃横牌，土内既无何种树苗。本县府亦未据，该保具报有案，其假公图覆，已可概见。当时询诸该地邻证，除全罗两姓有关人等外，实无公正人士足证该地属谁。两造徒以口舌之事争，缠讼连年，甚至斗殴仇杀，实以诉争地点为祸胎，殊非安定社会，开发经济之道。兹为永息诉端，杜绝两造后患起见，当庭再三开导，将该地收归公有，由县政府管理处分。至土内上左角坟墓二冢，准全姓祭扫，以后不得傍冢再葬。爰依民事诉讼法第三百八十一条一项第

七十九条，但书判决如主文。

上诉期间二十日，上诉法院：贵州高等法院第一分院，如有不服，应提出上诉状于本处

天柱县司法处

审判官　宋冠西

书记官　石朝槐

民国十六年十一月十六日作成

右件证明与原本无异

书记官石朝槐

民国二十六年十一月十八日校发

镇远贵州高等法院第一分院民事判决　　二十六年庭上字第

上诉人：罗安行，年未祥，住天柱县定寨

罗康年，年三十九岁，住同右

罗康贤，年未祥，住同右

罗大沛，年、住同右

被上诉人：全继升即全连拔，年未详，住天柱县中央坪

全德干即全大伦，年住同前

全先才即全志高，年住同右

全先文即全定东，年五十一岁，住同右

全德衡，年未详，住同右

全德堂，年未详，住同右

右列当事人间请求确认不动产所有权事件，上诉人等于中华民国二十六年十一月十六日天柱县司法处第一审判决，提起上诉。本院判决如左：

主文

原判决废弃

被上诉人等在第一审之诉驳回

第一二审诉讼费用由被上诉人等负担

事实：

上诉人等声明求为废弃原判决，驳回被上诉人等在第一审之诉之判决。被上诉人等声明求为驳回上诉。判决双方陈述之要旨，核与原判决事实栏内所摘述无异，兹引用之。

理由：

按原告于起诉主张之事实，应先负举证之责。若不能举证，或其所举证据不足

为其所主张事实存在之证明，即应将其诉予以驳回，业经最高法院著为判例。本件诉争中央坪围院坡即涸堰坡坟地，被上诉人等主张系其所有，其中所葬之坟四冢，主张系其祖坟，并未提出何项物证或人证以资证明。虽据称前清咸丰初年曾经判决以上齐天水塘，下至凉水井，左右抵田冲之地判归该被上诉人家所有。但既无卷可稽。而上诉人等之主张系判中央坪背后小岭让给被上诉人家葬坟，该被上诉人等复无何项证据以资证明，徒以空言争执，自难认为实在。依照上开判例，即应将被上诉人等确认之诉予以驳回。原审竟以杜绝后患，再三开导，将诉争之地收归公有为理由，判归县政府管理处分，并将土内上左角坟墓二冢准被上诉人等祭扫，均不合法。上诉人等提起上诉，尚非无理。两造既不愿和解，自应将原判决废弃，驳回被上诉人等在第一审之诉据上论结。本件上诉为有理由。依民事诉讼法第四百四十七条第七十八条判决如主文。

中华民国二十八年十月六日

贵州高等法院第一分院民事庭

审判长推事　傅启奎

推事　李象贤

推事　彭廷瑞

右件证明与原件无异

书记官　丁铭彝

中华民国二十八年十月十六日

二十八、跋语

宗祠记为夔堂叔记载宗祠成立原委而编也。夔叔笃伦常，敬宗睦族，本至性故。于光绪庚子一修族谱，后越癸卯又倡建宗祠。于是正殿飨堂，东西横屋先后成功。中经多番改良，期臻完善，历四十余年之经营惨淡，始有今日之伟观。原拟以所得之捐钱捐产勒碑于祠，以其隘而不阔也，乃编为之记。凡祀祖款产、仪注、条规、经首董事、总谱号数、宾朋联额、公山判词等汇集成书，分发各房领有总谱比并宝存，胜于勒碑远矣。因谨跋数语于编末。

中华民国三十三年次甲申夏历闰四月望

嗣孙安学殖斋氏谨跋

参考文献

一、文献资料类

[西汉]司马迁:《史记》,北京:中华书局,1982年。
[唐]杜佑:《通典》,北京:中华书局,1988年。
[宋]欧阳修等:《新唐书》,北京:中华书局,2003年。
[宋]沈约等:《宋书》,北京:中华书局,2003年。
《礼记注疏》,文渊阁四库全书本。
《明实录》,台湾"中央研究院"历史语言研究,1962-1968年校印本。
[明]夏言:《夏桂州先生文集》,四库全书存目丛书本。
[清]王应奎:《柳南续笔》,北京:中华书局,1983年。
[清]张廷玉等:《明史》,北京:中华书局,1974年。
[清]许重熙:《宪章外史续编》,上海:上海古籍出版社,2005年。
[清]赵翼:《陔余丛考》,北京:中华书局,2006年。
[清]贺长龄:《皇朝经世文编》,北京:中华书局,1992年。
[民国]赵尔巽等:《清史稿》,北京:中华书局,1977年。
[康熙]《天柱县志》,中国地方志集成本。
[乾隆]《玉屏县志》,中国地方志集成本。
[光绪]《续修天柱县志》,中国地方志集成本。
[民国]《贵州通志·前事志》,贵阳:贵州人民出版社,1988年。
天柱县志编纂委员会编:《天柱县志》,贵阳:贵州人民出版社,1993年。
杨德润:《天柱弘农杨氏通志》,2002年内部印刷本。
天柱《蒋氏族谱》,咸丰四年刻本。
锦屏《龙氏迪光录》,同治四年刻本。
天柱《刘氏宗谱》,光绪壬辰刻本。
天柱《袁氏族谱》,民国六年刻本。
天柱《袁氏家谱》,民国六年刻本。
天柱《罗氏宗祠记》,民国三十三年抄本。
天柱《粟氏族谱》,无刻印时间。
天柱《龙氏六公宗谱》,无刻印时间。
天柱《蒋氏族谱》,1987年第四次重修印刷本。

杨政伦主编:《白市杨氏先祠词谱》,2009年内部印刷本。

天柱田心寨《王氏族谱》,2008年内部印刷本。

天柱《远口吴氏通谱》,2000年内部印刷本。

二、今人论著类

王沪宁:《当代中国村落家族文化:对中国社会现代化的一项探索》,上海:上海人民出版社,1991年。

冯尔康:《中国古代的宗族和祠堂》,北京:商务印书馆,1996年。

冯尔康:《清人社会生活》,天津:天津人民出版社,1990年。

常建华:《宗族志》,上海:上海人民出版社,1998年。

钱杭:《中国宗族制度新探》,香港:中华书局,1994年。

陈支平:《近500年来福建的家族社会与文化》,上海:上海三联书店,1991年。

郭志超:《闽南宗族社会》,福州:福建人民出版社,2008年。

董建辉:《明清乡约:理论演进与实践发展》,厦门:厦门大学出版社,2008年。

黄海妍:《在城市与乡村之间:清代以来广州合族祠研究》,北京:三联书店,2008年。

柳州市地方志编纂委员会办公室:《柳州宗祠》,南宁:广西人民出版社,2008年。

张应强:《木材之流动:清代清水江下游地区的市场、权力与社会》,北京:三联书店,2006年。

林耀华:《义序的宗族研究》,北京:三联书店,2000年。

郑振满:《乡族与国家:多元视野中的闽台传统社会》,北京:三联书店,2009年。

[美]杨庆堃著,范丽珠译:《中国社会中的宗教:宗教的现代社会功能与其历史因素之研究》,上海:上海人民出版社,2006年。

杨德润编:《天柱县民族·姓氏·村镇·文物集成》,天柱:天柱县文体广播电视局,2007年。

徐杨杰:《中国家族制度史》,北京:人民出版社,1992年。

王善军:《宋代宗族和宗族制度研究》,石家庄:河北教育出版社,1999年。

毛汉光:《中国中古社会史论》,台北:台湾联经出版公司,1998年。

[美]费正清编:《中国的思想与制度》,北京:世界知识出版社,2008年。

袁显荣:《清江祠韵》,北京:大众文艺出版社,2005年。

[奥]迈克尔·米特罗尔、雷因哈德·西德尔著,赵世玲译:《欧洲家庭史》,北

京：华夏出版社，1987年版。

郭于华：《仪式与社会变迁》，北京：社会科学文献出版社，2000年。

冯尔康：《18世纪以来中国家族的现代转向》，上海：上海人民出版社，2005年。

王扬清：《清水江印象》，北京：文物出版社，2007年。

天柱县政协非物质文化遗产宝库编纂委员会：《天柱县非物质文化遗产宝库》，贵阳：贵州大学出版社，2009年。

三、论文类

常建华：《二十世纪的中国宗族研究》，《历史研究》，1999年第5期。

梁颖：《广西壮族民间宗祠述论》，《桂林市教育学院学报》，1996年第1期。

谢长法：《祠堂：家族文化的中心》，《华夏文化》，1994年第4期。

罗艳春：《祠堂与宗族社会》，《史林》，2004年第5期。

徐扬杰《宋明以来的封建家族制度述论》，《中国社会科学》，1980年第4期。

左云鹏：《祠堂族长族权的形成及其作用试说》，《历史研究》，1964年第5—6期。

李文治：《明代宗族制的体现形式及其基层政权作用》，《中国经济史研究》，1988年第1期。

常建华：《明清时期祠庙祭祖问题辨析》，《第二届明清史国际学术讨论会论文集》，天津人民出版社，1993年。

陈柯云：《明清徽州的修谱建祠活动》，《徽州社会科学》，1993年第4期。

王思治：《宗族制度浅论》，《清史论丛》第4辑，中华书局，1982年。

傅谨：《祠堂与庙宇：民间演剧的空间阐释》，《民族艺术》，2006年第2期。

田军、须颖：《祠堂与居住的关系研究》，《建筑师》，2004年第3期。

王其钧：《传统民居的厅堂与祠堂》，《新建筑》，1996年第4期。

游彪：《宋代的宗族祠堂、祭祀及其他》，《安徽师范大学学报》，2006年第3期。

陈瑞：《明清时期徽州宗族祠堂的控制功能》，《中国社会经济史研究》，2007年第1期。

常建华：《明代宗族祠庙祭祖礼制及其演变》，《南开学报》，2001年第3期。

常建华：《明代徽州宗祠的特点》，《南开学报》，2003年第5期。

赵华富：《论徽州宗族祠堂》，《安徽大学学报》，1996年第2期。

赵华富：《徽州宗族祠堂的几个问题》，周绍泉、赵富华主编：《95国际徽州学术讨论会论文集》，安徽大学出版社，1995年。

赵华富：《关于徽州宗族制度的三个问题》，《安徽史学》，2003年第2期。

赵华富:《徽州宗族祠堂三论》,《安徽大学学报》,1998年第4期。

刘淼:《清代徽州歙县棠樾鲍氏祠产土地关系——以徽州歙县棠樾、新馆鲍氏为中心》,载《清代区域社会经济研究》上册,中华书局,1992年版。

刘淼:《清代徽州祠产土地关系——以徽州歙县棠樾鲍氏、唐模许氏为中心》,《中国经济史研究》,1991年第1期。

刘淼:《传统农村社会的宗子法与祠堂祭祀制度——兼论徽州农村宗族的整合》,《中国农史》,2002年第3期。

桑良至:《徽州祠堂与终极伦理》,《网络财富》,2009年第3期。

臧丽娜:《论徽州宗祠的遗存情况与民俗文化特征》,《民俗研究》,2007年第3期。

郑振满:《试论闽北乡族地主经济的形态与结构》,《中国社会经济史研究》,1985年第4期。

郑振满:《明清闽北乡族地主经济的发展》,《明清福建社会与乡村》,厦门大学出版社,1987年版。

郑振满:《明以后闽北乡族土地的所有权形态》,《平准学刊》第5辑,光明日报出版社,1989年。

郑振满:《清代台湾乡族组织的共有经济》,《台湾研究集刊》,1985年第2期。

朴元熇:《从柳山方氏看明代徽州宗族组织的扩大》,《历史研究》,1997年第1期;

朴元熇:《明清时代徽州真应庙之统宗祠转化与宗族组织》,《中国史研究》,1998年第3期。

朴元熇:《方仙翁庙考——以淳安县方储庙的宗祠转化为中心》,载唐力行主编:《家庭、社区、大众心态变迁国际学术研讨会论文集》,黄山书社,1999年。

王日根:《论明清时期福建家族内义田的发展及其社会背景》,《中国社会经济史研究》,1990年第2期;

王日根:《清代福建义田与乡治》,《中国社会经济史研究》,1991年第2期。

杨国安:《明清以来鄂东南地区村落、祠堂与家族社会》,《中国社会历史评论》第9卷,天津古籍出版社,2008年。

王日根、张先刚:《从墓地、族谱到祠堂:明清山东栖霞宗族凝聚纽带的变迁》,《历史研究》,2008年第2期。

朱华友、陈宁宁:《村落祠堂的功能演变及其对社会主义新农村建设的影响——基于温州市莘塍镇50个祠堂的整体研究》,《中国农村观察》,2009年第2期。

梁宝渭:《广西宗祠救济探微》,《右江民族师专学报》,1997年第4期。

罗方贵:《柳州宗祠现状调查概说》,《广西地方志》,2008年第4期。

程鹏立:《“仁义”的诠释——小说〈白鹿原〉中祠堂的社会控制功能浅析》,《池州师专学报》,2005年第6期。

谢华章:《南靖宗祠与台湾》,《炎黄纵横》,2007年第4期。

段家开:《云南省腾冲和顺侨乡宗祠社会功能分析》,《保山师专学报》,2008年第6期。

丁会:《浅谈祠堂建筑的人文精神》,《山西建筑》,2009年第17期。

程文娟:《山西祠庙建筑研究——晋祠的布局及空间形态分析》,太原理工大学2006年硕士论文。

曹砚农:《试析宗祠建筑文物的功能与价值》,《中国文物科学研究》,2008年第3期。

汤国华:《岭南祠堂建筑中的“过白”》,《村镇建设》,1997年第7期。

沈超:《徽州祠堂建筑空间》,合肥工业大学2009年硕士论文。

姚光钰:《古徽祠堂建筑风格浅谈》,《古建园林技术》,1998第2期。

贡坚、郭珩:《祭祀制度与祠堂建筑》,《山西建筑》,2008年第12期。

甘胜利:《略谈泾县古代祠堂的建筑、装饰艺术》,《东南文化》,2003年第6期。

余维君:《池州市宗族祠堂的建筑美学思考——以青阳太平山房为例》,《安徽文学(下半月)》,2008年第4期。

白汶灵,黄华明:《论陈家祠建筑符号的特征和隐喻》,《家具与室内装饰》,2009年第9期。

姚邦藻、每文:《徽州古祠堂特色初探》,《黄山学院学报》,2005年第1期。

赖瑛、郭焕宇:《珠江三角洲地区祠堂建筑审美属性分析》,《艺术百家》,2008年2期。

罗瑜斌:《陈家祠的岭南建筑庭院特征》,《广东园林》,2007年第1期。

刘淑婷:《泰顺祠堂宫庙遍布的景观特色分析》,《华中建筑》,2007年第8期。

冯宝英:《浙西宗族祠堂之探析》,《东方博物》,2006年第1期。

章立、章海君:《浙中的祠堂建筑》,《寻根》,2007年第2期。

薛磊:《山西祠庙建筑构造形态分析》,太原理工大学2008年硕士论文。

过伟敏、吴钰、史明:《惠山祠堂建筑的装饰艺术》,《美术大观》,2005年第9期。

王炎松、徐靓、朱锋:《鄂东杰构——阳新县祠堂建筑及文化特征初探》,《华中建筑》,2006年第11期。

王炎松、白冰、崔骞:《浅析阳新县祠堂、民居门楣匾额的人文内涵、成因及其影响》,《华中建筑》,2007年第2期。

喻梦哲:《中韩祠堂选址差异浅述》,《山西建筑》,2009年第11期。

尚杰:《论穗港两地祠堂的保护与利用》,《东南文化》,2008年第4期。

李向平:《西周春秋时期庶人宗法组织研究》,《历史研究》,1989年第2期。

彭邦本:《从曲沃代翼侯的宗法组织看晋国社会的宗法分封性质》,《中国史研究》,1989年第4期。

田成有:《中国农村宗族问题与现代法在农村的命运》,《法律科学》,1996年第2期。

后记

承蒙贵州省科教办的关爱，《天柱宗祠文化研究》被立项为2009年度贵州省优秀科技教育人才省长专项资金项目并给予经费资助。课题的立项是令人兴奋和鼓舞的，但之后的调查和研究过程则异常艰难。随着田野调查的展开，课题组发现天柱县的传统宗祠远远超过课题设计时的粗略估计。在近两年的时间里，课题组成员几乎走遍了天柱县每个建有宗祠的村落，查阅并收集了大量的原始资料，实地了解了许多宗祠的真实存在情况，拍摄了大量宗祠建筑的相关照片。本书的完稿．让我们感到如释重负，辛劳了多少个日日夜夜，终于可以松一口气了，同时又觉得忐忑不安，限于我们的学识有限、研究基础薄弱，虽然按照课题设计的要求基本完成了研究任务，但无论研究的广度和深度都还是远远不够的。

首先，对课题验收组的专家表示感谢。2011年5月22日，省科教办组织了由贵州省社科院翁家烈研究员、贵州大学人文学院张晓教授和刘峰教授组成的省长基金项目验收专家组，对《天柱宗祠文化研究》项目进行结题验收，专家组在通过听取项目结题汇报，现场质询、答疑后，经充分讨论形成以下验收意见：“一、选题具有较强的时效性和研究价值，对天柱宗祠兴起的历史背景、发展历程及其地位和作用作了较为系统的梳理和研究，客观地阐述了天柱宗祠社会功能和文化功能，探讨了当代清水江流域能源开发与宗祠文化传承与保护之间路径与办法，同时对天柱域内30余座宗祠做了介绍，该课题对宗族研究具有一定的现实意义和参考价值。二、课题设计规范，研究方法得当，研究过程完整，研究设计较为规范，研究思路明晰，研究目标较为明确。采用多种研究方法进行研究，在研究过程中重视研究资料的收集和整理，研究资料详实。概念界定准确明晰，引证资料可靠，论证分析基本严密，研究过程真实完整，研究结果与研究结论客观真实。三、课题结题报告框架结构完整，基本环节齐备，对田野经验进行了理性的提炼和总结，具有一定的实用性与开创性。”我们深知，专家组的验收意见是对我们的鞭策和鼓励，可以说对天柱传统宗祠的研究，我们只是开了个头，有待今后进一步展开深入而全向的研究。

拙稿的调研、撰写和出版得到了有关领导和诸多师友的大力支持和热心帮助。2010年10月起，笔者到天柱县人民政府担任挂职副县长两年，得到天柱县各级党政领导的大力帮助，尤其是天柱县政协文史委主任秦秀强先生、原天柱县文管所所长姚敦屏先生、县人民政府秦常桂先生曾多次作为向导并一同进行田野调研，凯里学院教务处蒋光灯先生不辞辛劳，特意回家乡向蒋氏族长借新旧两种版本的蒋氏族谱供我们研究。我的同学、厦门大学博士生付华顺先生也曾对课题提出过中肯的意见和建议。凯里学院党委龙则池书记，副院长、教授徐晓光博士对课题提出过中肯的意见和建议，科研处、人文学院等部门的许多领导和同仁也为本书的撰写、出版提供过很多支持。在调研过程中，许多淳朴的乡村长者不厌其烦地解说与口述有关宗祠的往事，乐心地提供他们珍藏多年甚至数代的珍贵族谱资料，在此一并表示衷心的感谢。书中吸收和借鉴了许多学者的相关研究成果，有的已经随文注明，有些可能还未列出，在此我们同样致以深深的谢意。

课题组成员黔东南州政协王志国副秘书长帮忙联系调研事宜，中共黔东南州委党史研究室况再举主任、莫新华副主任提供许多地方史料，人文学院朱泽坤老师、马克思主义学院张荣珍老师也曾参加过调研与整理工作，没有他们的支持与协作，就不可能完成此项工作。因此，拙稿可以说是课题组成员共同劳动的结果。

还要感谢四川大学出版社的编辑们，尤其是吴雨时、楼晓、石峰波为本书的出版做了大量艰苦而细致的工作。

本书的出版还得到其他多方面的关心和支持。在此，谨一并致以诚挚的谢忧。最后还应该说明的是，由于笔者才疏学浅，对宗祠的研究又是刚刚起步，书稿难免存在许多不足和缺点，尚祈专家学者和广大读者批评指正。

感谢天柱县书法家协会主席、天柱县人民政府原副县长、现天柱县人大常委会副主任杨祖恒先生于百忙之中为本书提写书名，使本书增色不少。

李　斌

2012年10月1日于清水江畔

石洞镇西域瀑布（天柱县文体广电局提供）